和时间做对手,很困难;
和时间做朋友,很简单!

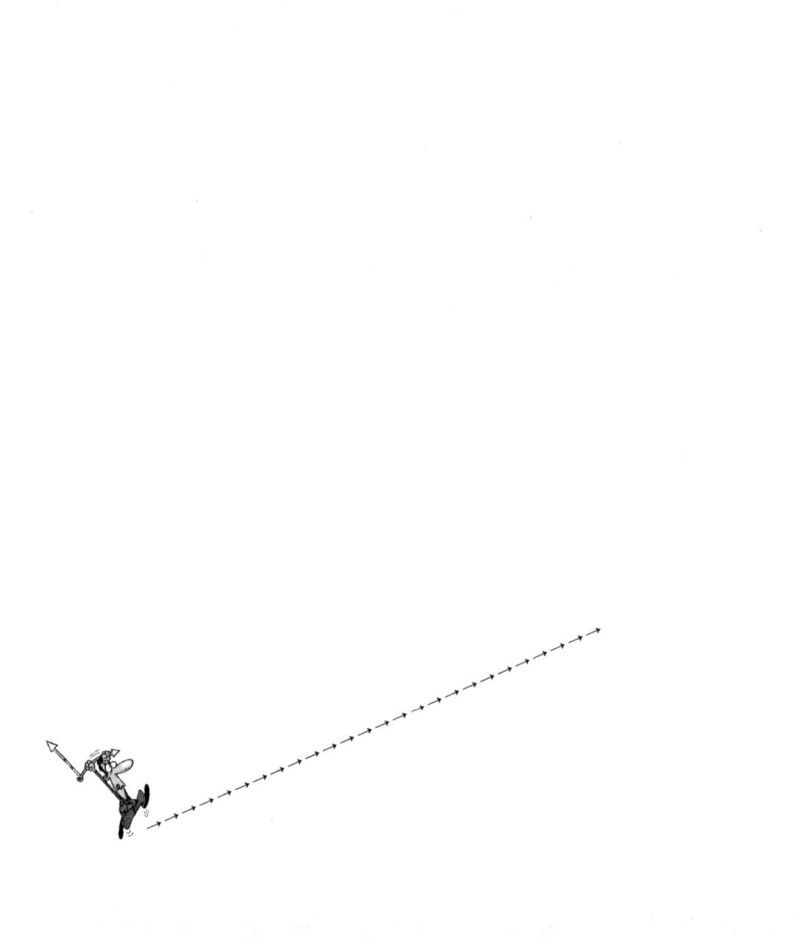

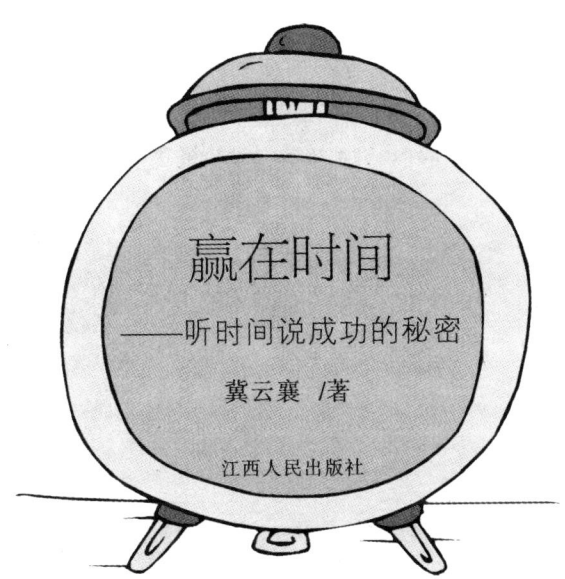

赢在时间

——听时间说成功的秘密

冀云襄 /著

江西人民出版社

图书在版编目(CIP)数据

赢在时间：听时间说成功的秘密/冀云襄著. —南昌：江西人民出版社，2009.6
ISBN 978-7-210-04088-0

Ⅰ.赢… Ⅱ.冀… Ⅲ.时间-管理 Ⅳ.C935

中国版本图书馆 CIP 数据核字（2009）第 056410 号

赢在时间
——听时间说成功的秘密

冀云襄 著

江西人民出版社出版发行
江西嘉欣印务有限公司印刷　新华书店经销
2009 年 6 月第 1 版　2013 年 6 月第 4 次印刷
开本：850 毫米×1168 毫米　1/32
印张：5.625　字数：80 千
ISBN 978-7-210-04088-0　定价：15.00 元

江西人民出版社　地址：南昌市三经路 47 号附 1 号
邮政编码：330006　传真：6898827　电话：6898893（发行部）
网址：www.jxpph.com
E-mail：jxpph@tom.com　web@jxpph.com

（赣人版图书凡属印刷、装订错误，请随时向承印厂调换）

目 录

前言　时间自述 / 1

第一部分　时间三原理 / 1

第一章　主权原理——我的时间,我做主 / 4

　　　　属于你的时间有多少?

　　　　时间银行

第二章　共享原理——时间需要共享,更需要配合 / 13

　　　　你的时间在和谁共享?

　　　　医生的烦恼

第三章　优先原理——时间永远第一 / 22

　　　　还有什么比时间更要紧的?

　　　　月薪八千的出租车司机

第二部分　时间七量点 / 31

第一章　时间之前——提前量 / 34

你要把时间抢到谁的前面？

提前量服务

第二章　时间之中——效能量 / 44

什么是当前时间的最大效能？

烙饼

第三章　时间之后——补充量 / 53

把时间延长期的最后底线设在哪里？

老陈说卖橘

第四章　时间集中——聚合量 / 62

你是否具有集中整块时间的能力？

茅家琦打瞌睡

第五章　时间分散——覆盖量 / 71

怎样把零散的时间织成一张更有效的网？

管道的故事

第六章　时间刚性——精确量 / 82

哪些是不可变更的时间？

时间测验

第七章　时间柔性——调节量 / 92

哪些时间是可调时间？

加班把生活搞成灰色

第三部分　时间相对律 / 101

第一章　先后律——领先就意味着被赶超 / 104

怎样找到属于你的"先行一步"？

思科的超越模式

第二章　快慢律——不能超出想象的快永远不算快 / 114

怎样把握恰到好处的速度？

如何让石头在水上漂起来

第三章　多少律

——更多的时间总为更少的时间做准备 / 123

怎样使多的时间不浪费？

成功需要多长时间

第四章　远近律——看最远的山、走最近的路 / 133

怎样使现在更加有利于今后？

25岁时我拒绝了15万年薪的工作

第五章　缓急律——急而不乱,缓而不散 / 142

怎样做好时间紧急的事？

抗战中的"诺亚方舟"

第六章 主客律——让所有的时间都生动起来 / 153

怎样把被动的时间变为主动？

三种控制时间能力

附录 时间名言选读 / 164

后 记 / 168

前 言

时间自述

按理说,我是最不受人控制的一种东西了,不管你有多大能耐,我总是绝不停步、毫不留情地从你身边走过。

不过,既然说到我和成功的关系,诸位一听就明白了,我们要讨论的主要是指"人"的时间,而不是指"天"的时间。所以,我在"天上"的时候,有我自己的物理属性,宇宙的演变、物质的形态等等,那是物理科学家们的事情;而我在"人间"的时候就不同了,是和人们自己身边的"事情"和"变化"紧紧相关的,说起来就有了许多"人味儿"。

很多人总想控制我,"我的地盘我做主"嘛。这是好事,我不在乎,不过控制我可不是那么容易的事情。这里我有一个小小的建议,咱们关系不一定要搞得那么紧张,也可以做好朋友嘛。怎么做朋友?看了后面我和成功之神还有幸运之神的对话,你就会明白了。

做了好朋友会怎么样呢?当然我并不会给你比别人多一秒钟,而是可以让你拥有更多游刃有余的自由感。我经常能看到很多人被时间逼得汗流浃背;还看到很多人不知道这么多的时间拿来做什么用,无所事事,任年华老去,在无聊中度过。我看着还真挺着急。他们还经常怨我不讲义气,我还觉着挺冤枉呢。

每个人都渴望成功,这再正常不过了,我特别希望在你的成功之路上,我们能和睦相处、默契配合,共同创造美好的人生。好了,闲话少叙,下面我们就进入正题吧。

第一部分

时间三原理

时间之神、成功之神和幸运之神三个好朋友经常喜欢在一起聊天。这一天晚上闲来无事,三人在时间之神的书房里又摆开了龙门阵。

成功之神得意地说:"世界上每个人都在梦想成功,他们辛辛苦苦,有的人少年成名,有的人皓首穷经,全都在我的掌控之中。"

幸运之神笑着说:"没有我'幸运'的照顾,想要成功可没那么容易呢。"

时间之神冷静说:"成功当然好,幸运也不错,可这两样未知数太多,人们都不容易抓得住,叫人心里总是忽上忽下的。时间才是最实在的,每时每刻都和人们在一起。有了时间,才谈得上成功和幸运吧。"

幸运之神撇撇嘴:"时间?不就在那里吗?每个人都是这么过,有什么好说的。"

时间之神说:"时间本身的确是线性固定的,但具体到每

个人,就有所不同了。你的时间、我的时间、大家的时间都会根据不同的情况和事件出现不同的形态。比如说你找我办事,我说没时间。呵呵,是不是不一样?"

成功之神问道:"依你老兄之见,对于时间我们应该怎么看呢?"

时间之神回答说:"咱们还是要从头说起。依我看,首先有三条原理应该提出来。就是主权原理、共享原理和优先原理。"

幸运之神打着哈欠说:"好了好了,你两个一说起来就没个完。这样搞下去,今晚就别想睡觉了。下次再说吧,我可有点困了。"

成功之神说:"也好,不过咱们老是待在书房里聊天觉着有点闷,有空咱们出去到处转转吧。"

时间之神举手说:"很好,路费你出。"

成功之神一拍胸口:"没问题!"

第一章

主权原理
——我的时间，我做主

> 每个人原则上都拥有对自己时间的第一支配权。如果你必须把你的时间分配出去，最好也要由自己的意志来决定。

冬眠冠军

在许许多多的冬眠动物中，冬眠时间最长的当推睡鼠。它每年有5—6个月(从10月到来年4月)的时间处于冬眠状态。睡鼠的冬眠过程趋向于最深度睡眠状态，巢穴中的睡鼠在冬眠时心脏几分钟才跳一次。据报道，英国有一只睡鼠竟酣睡了6个月23天，可谓是冬眠世界冠军。

🕰 问题：属于你的时间有多少？

秋天的太阳总是令人感到那么的温暖和踏实，太阳下

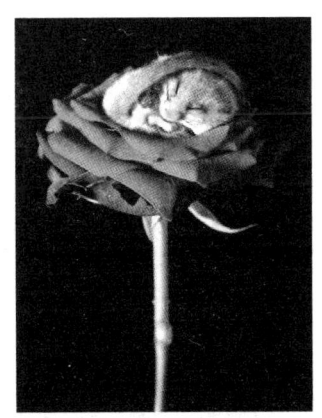

睡鼠说：我想睡多久就睡多久，又不碍你们的事儿

的长城也更加显得雄伟和清晰。在长城面前，无数的崇山峻岭都低下了他们高傲的头，仿佛在向这一条英雄的绶带致敬。时间之神、成功之神和幸运之神站在烽火台上，也为这磅礴的气势深深折服。

"就像这长城划出了秦王朝和明王朝的土地疆界一样，既然你说每个人都对自己的时间有第一支配权，那总得先算算有多少吧？"幸运之神发问。

时间之神显然很有兴致，答道："当然，每个人的时间都有一生那么多，不管是五十年、六十年还是七八十年，总之上帝给你的基本时间是公平的。从生命的意义上来说，

中国万里长城

这一生的时间都是有效时间,因为活着。"

　　成功之神插言道:"我倒听说有另一种讲法。一个人一生的时间总是以现在'这一秒'的面目出现,如果你总是习惯于失去'这一秒',也就意味着有失去整个一生的可能。"

时间之神很同意："所以，一方面我们无需太紧张，只要保证身体健康，无论是谁都抢不走你的时间，来日方长可不是假的；另一方面呢，每一秒钟对我们都显得十分珍贵，因为我们永远都是生活在'当时'，快乐也好，痛苦也好，最好是让'这一秒'都变得充实精彩，尽量不要让无聊的灰色和空白来过多地占据它。"

幸运之神也找到感觉了："那可不可以说，属于我们的时间有两个答案：一生，一秒。"

时间之神用总结的口吻说："反正你的时间就是你的，不管是顺境还是逆境。一生或者一秒，过得好或不好只能从自己身上先找原因。怨天尤人是没有用的。"

措施：分类法

成功之神指着前面连绵不绝的山峦，说："既然这一片大大的疆土都是我的，那当然是想怎么用就怎么用喽？"

时间之神回答说："要想用好时间，就要先对时间进行一番梳理。也就是要先分分类。根据不同的人生阶段和不同的事情需要，你的时间也会有相当不同的类别。把这些类别整理一下，可以有助于我们更好地使用时间财产。"

幸运之神思路也很快："那分法就多喽，工作时间、休息时间、高兴时间、不高兴时间，哪里一下子分得完？"

时间之神伸出三个指头:"是有很多种分法。但这些所有的分法都可以认为是基于下面三种基本的分法:

1.可控时间和不可控时间。

2.规则时间和不规则时间。

3.共享时间和自我时间。"

幸运之神说:"请解释一下。"

时间之神接着说:"我们可以看到,这三种分法每一种都是全概念,就是说每一种都是对我们全部时间从某个角度的一分为二。从实际来看,我相信这三种分法都是符合'2/8'法则的,即'可控时间、规则时间和共享时间'要占我们总体时间的80%,而'不可控时间、不规则时间和自我时间'应该只占到20%才对。我们可以用这个分类比例来审视一下我们的生活和工作,如果和这个比例差得比较远,那就要好好想一想,看看怎么来调整一下了。通过从时间角度这样的调整和努力,使我们的人生充满更加积极主动、健康向上的气息,而不是相反。"

幸运之神笑着说:"我好像就是经常在你说的那20%里出没呢!"

成功之神似有同感:"是哦,我的主要任务是在那80%里面,可那20%的部分也够令人头痛的。如果这一部分没弄好的话,也可能出大事。"

时间之神点头道:"时间的重要性本来就不是以量的多少来衡量的,不是时间多的一定就重要,时间少的一定就不重要。我们的任务是把它们认识清楚,让它们更好地为我们服务,不至于稀里糊涂过日子。"

效果:确保核心时间

幸运之神比较喜欢抬杠:"你把时间分成这么几种,看起来好像是有一点条理了,但感觉还是没有重心呀。"

时间之神胸有成竹:"重心就是把握人生的核心时间。说是核心时间,其实是说人生的核心任务。在我看来,人一辈子的任务只有两个:完成任务和追逐梦想。完成什么任务?就是健康长大、立足社会、养家糊口、生儿育女等等这样一些作为人的基本的责任。这些任务完不成,你就不能成其为一个基本的社会人。追逐什么梦想?我们每个人都会有梦想,想成为亿万富翁,想成为一个好老师,想成为一个艺术家,想走遍全世界等等。没有梦想的人,就可能会陷入琐碎无聊的生活,还可能会因为缺乏自信而陷入无方向的惶恐。"

成功之神有些疑惑:"是很有道理,但这和前面的三种分法有什么关系呢?"

时间之神答道:"为了做好核心任务,我们应该尽量把它们放在可控、规则和共享的时间里,而不要让不可控、不规则和过多自我的时间来扰乱它们。"

幸运之神问题挺多:"那你们说是先完成任务好,还是先追逐梦想好呢?"

成功之神笑了:"我觉得,如果条件具备,把二者合二为一是最理想的了,这样的人可以称之为幸运儿,归你管。如果条件暂不具备,我觉得还是把时间多放在完成任务上比较好。无论是你自己努力还是别人帮助,只要任务完成了,那就再没有什么能阻挡你追逐梦想的脚步了。"

时间之神鼓掌:"老成之言。"

时间独白:

时间的主权原理是我们掌握时间主动和人生主动的一个重要前提。一个人出现在这个世上,老天就同时给了你最基本的权利,时间权就是其中之一。所以我们探讨时间财产、时间分类和核心时间,就是争取把这个时间权用得更好些。

时间故事

时间银行

"问你一个问题?"

"什么问题?"

"有一家银行,每天早上都在每一个人的账户里存入同等数额的钱,供这个人一天使用。这些钱即使不够用,也不能找别人借,因为没有人能借给你。同样,如果你有多,别人想找你借,你也不能借给别人,因为你无法转借他人。多余的钱若是没有用完,也不能转到明天来用。总之,这些钱只能够给你一个人使用,用不完的就作废了。你知道这是家什么样的银行吗?"

"还有这样的银行吗?"

"是啊。"

"每个人都有这么多钱吗?"

"是啊,只要是活人,每个人都有。"

"是中国银行?工商银行?农业银行?"

"是时间银行。每天凌晨,'时间银行'总会在你的账户里自动地存入 86400 秒,不管你是否够用,到了这一天结束的时候,银行会自动地把你当天没有用完的时间全部注销掉,没有分秒能结存到明天,也不能提前预支片刻的光阴。"

点评：时间就这么多，如果没有能够适当使用它，那么所有的损失和浪费，也只能由你自己来承担。活着，就应该让每一天都精彩。

看图一乐

你不知道我昨晚工作到凌晨两点吗？

第二章

共享原理
——时间需要共享,更需要配合

> 把自己的时间和越多、越有效能的人和事结合共享,你所拥有的时间及价值也会相应递增。

可怜的老猴王

所有的灵长类和人都是群居动物,不能离开族群而独自生活。以猴子的世界为例,猴子们因为害怕被赶出群体,而甘愿屈尊受辱地忍受哪怕是一些不公正的待遇。当一个猴王老了,新的猴王取代了它,其他的猴子就会群起而攻之,把它赶出族群,免得它影响新猴王的工作。而老猴王离开这个族群的时候,离死就不远了。即便满山遍野都是丰富的果实,它也不能独自存活下去。

老猴王说:它们对我如此残酷,但最残酷的是失去它们

问题:你的时间在和谁共享?

时间之神、成功之神和幸运之神坐在古罗马大竞技场残破不堪的阶梯看台上。虽经2000多年的风雨侵蚀,大竞技场高大围墙的轮廓线和粗犷而不失雅致的巨大圆柱,仿佛仍然蕴藏着无数角斗士们英勇的灵魂和呐喊。在这宏伟而华丽、凝重又空灵的所在,三个人一时之间都不想开口说话。

幸运之神还是忍不住先问:"我的时间如果给了别人,我自己岂不是就少了?好比我陪你们来竞技场看角斗士,那我别的事情就做不成了。"

成功之神摇头:"我们可没强迫你来。况且,你和我们在一起,还能学到不少知识呢,这笔账怎么算?"

时间之神笑道:"在弄清时间第一原理的同时,也要注意,时间又具有公益设施的性质。如果你长年累月地把时间只放在自己的口袋里捂着,不愿拿出来和别人分享,那样时间就会发霉,逐渐变得一文不值。所以,在某种意义上说,时间是自己的,同时也是别人的。"

幸运之神不以为然:"又说时间是自己的,又说是别人

古罗马大竞技场

的,你们总喜欢把事情搞得这么复杂。"

时间之神一点也不烦,说:"世界上的事本来就是这样,总是表现出一个硬币的两面。我们都有这样的经验:今天我想和谁在一起度过？今天我又不得不和谁一起度过？这样安排时间有什么价值？又有什么浪费？不管怎么样,这些问题都是时刻存在的。既然如此,我们当然要尽量减少和避免与无用及无聊的人和事一起分享时间,而应尽量与更有效率、更有水平的人和事在一起,这样的话,我们的人生才会不断地、在不知不觉之间提升档次。"

成功之神深有同感地说:"是的是的,比方说我会想着多和领导在一起,能得到更有用的信息,还能和领导增进感情,有利于进步；有时候又要下去,多和群众在一起,能更加掌握真实情况,不至于脱离实际太远。反正只待在家里肯定不行。"

时间之神说:"就是啊,所以我们的时间在和谁共享是一个很重要的问题。和领导共享、和同事共享、和家人共享、和朋友共享等等,的确值得好好谋划一下。很多时候我们无意中把时间和无聊的人或事共享,就好像把时间丢在了荒郊野外,毫无价值。岂不亏大了？"

成功之神跃跃欲试:"那我们就来谋划谋划吧。"

⏱ 措施：分配法

时间之神认真地说："因为物理时间的确是有限的，一天就二十四个小时。所以我们必须对时间的分配进行认真考虑，制定一个适合自身情况的时间分配战略。"

成功之神说："这个分配是不是也要有侧重啊？"

时间之神说："当然，同样要根据每个人的具体情况来决定怎么分、分多少。假如你是一个学生，较弱的课目就多分一点时间；假如你是一个领导，重点的项目就要多分一点时间；假如你是一个作家，就要在作品的构思上多花一点时间。其他各行各业每个人的身份情况不同，时间的分配重点当然都不一样。"

幸运之神眯着眼说："那怎么办？大家都不一样。"

时间之神摆摆手，说："别急呀。统一起来看，以提高人生价值为目的出发，关于时间分配战略的原则主要有以下三条：

1. 把时间多分配给比你水平高的人。
2. 把时间多分配给对你而言更有挑战性的事。
3. 把时间多分配给将要发生的事。"

幸运之神这次一下就听明白了，说："从你说的这三个原则反过来看，就是：减少和比你水平低的人一起的时间，

减少做平淡无奇、机械重复的事的时间,减少沉浸过去、徘徊不前的时间。对不?"

成功之神大笑说:"这回被你抢先了。有理有理,很清楚。"

时间之神接着说:"不过这些东西也并不是那么容易一下子就能做到的,需要我们克服畏惧、懒惰等一些不好的毛病。"

幸运之神吐吐舌头:"你好像在说我哦。"

效果:让时间向优势价值流动

成功之神思绪流动:"我想共享本身并不是目的,而是通过共享达到提高。就像资金一样,总是要往价值高的地方流动。"

时间之神点头道:"这是自然的道理。不过说到价值,除了一部分社会公认的共同价值之外,不同的人都有各自不同的价值观。你认为是有价值的东西,他可不一定同意。可以说每个人的价值观会决定他的人生走向,当然也就决定了他的时间分配战略。"

幸运之神说:"我有些朋友挣了很多钱,可是好像还不是很开心,而另一些钱不是很多的朋友,倒是整天乐呵呵的。这是不是和你们说的价值观有关系呀?"

时间之神做了个打住的手势,说:"当然是有关系,不过这个问题涉及面太广,咱们一下子可说不清楚。比如价值的客观标准和主观标准问题等等,探讨关于这些问题的专家有很多,大家尽可以去学习思考。在这里,我们只主要从时间价值的角度说明两点:一点是,判断这段时间的价值,要看它对下一段时间是否能产生好的影响。再一点是,判断这段时间的价值,要看你对这段时间是否有主动控制能力。"

成功之神深表赞同,说:"我喜欢下围棋,围棋中判断一手棋的价值,一个办法就是看下完这一手之后,是否能产生下一手超级大棋。这种相通的感觉真棒!"

时间之神补充说:"还有主动控制能力,就拿你说的围棋来说也是一样的。看这手棋你是主动要下的,还是被迫应对的,也能分别这手棋的价值。所以,我们在理解时间的价值的时候,还是要注意不能孤立的、静止的、被动地去理解它,而要把它置于流动的、广阔的、主动的情况下去理解。"

时间独白:

共享这个词在现在的网络信息时代被提到的次数越

来越多了,共享的方式也越来越丰富多样。我们静下心来想一想,其实所有的共享方式都是以时间共享为根本基础的。无论是同时共享、分时共享或是错时共享,总之要有时间给予才行,不管是你给别人,还是别人给你。

时间故事

医生的烦恼

一位在医院工作的丈夫一年前辞去公职来到这家私营医院工作,每天吃住在医院,除了7小时的睡眠时间和加起来一个半小时的吃饭时间,他所有的时间都是在接诊病人和手术室里度过的。有时候十天半月见妻子一面,也是倒头就睡,好像前世亏了睡眠。妻子的怨言与日增多,结婚十几年的夫妻因为丈夫加班而濒临感情解体。丈夫颇感委屈:"以前我在公立医院上班,你嫌我收入少,没本事挣钱。现在我挣钱多了,你又嫌我没有陪在你身边。到底男人要怎么做?"

点评:感情这东西需要的东西很多,要钱、要粮、要共同语言、要相互理解,但别忘了它最终要的是最简单的一样东西——时间。

看图一乐

时间的共享也许会生出新的内容哦

第一部分 时间三原理

第三章

优先原理
——时间永远第一

> 任何情况下，无论是什么样的事情，时间永远是需要考虑的第一要素。

口和大脑

寒武纪的扁形虫这些最早期水生动物，它们把觅食作为优先考虑的事项。生物体需要从有毒的食物中挑选出营养物，而大脑能帮助它们做到这点。所以我们去看任何动物，将发现大脑始终处于口的附近。在一些极其原始无脊椎动物中，有的食管竟然恰好经过大脑。

⌛ 问题：还有什么比时间更要紧的？

离开普敦约一小时车程就是好望角自然保护区。这里

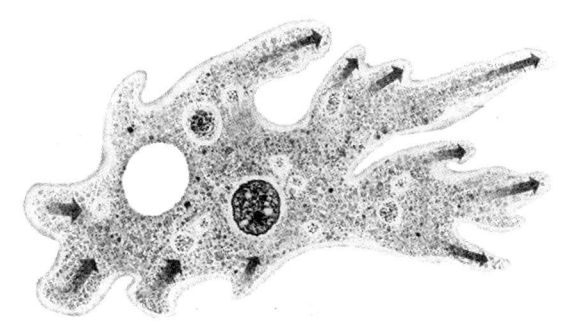

扁形虫说:为了第一时间辨别食物,口和大脑要永远在一起

呈现着一派原始荒凉景象,铁锈色凹凸不平的地面上,野生着一丛丛低矮的灌木林和山龙眼鲜花,间或有狒狒、旋角大羚羊跳跃奔去。时间之神、成功之神和幸运之神来到了开普敦半岛顶端的一座白色灯塔上。从那里向右望去,可见一个伸入大洋、如同巨大鳄鱼爪般的海角峥嵘毕露,这就是好望角。

时间之神环顾着海角四周说:"好望角,多好的名字,多壮观的景色!可就是敌不过一条小小的苏伊士运河。"

成功之神说:"当然,能从红海直接过,谁还来绕这么大的圈。好望,也只能是望一望而已了。"

时间之神问两个朋友:"你们在做事情的时候,有什么

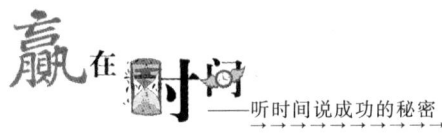

开普敦好望角

东西是比时间更要紧的?"

幸运之神挠挠头说:"如果时间够用的话,当然还有些事是更加着急要做的。"

成功之神说:"我感觉重要的事情多得很,可是一把时间加进来,好像时间总会排在第一位。"

时间之神指指自己的胸口,说:"时间,当然是时间。时间排在第一,因为它是这个世界的总背景。这就决定了无论做什么事,必须有极为清醒的时间意识。先想好了时间,再考虑其他,这是根本次序。"

幸运之神也表示同意,说:"我想起来看《大决战》淮海战役的时候,老蒋沮丧地对他的国防部的头脑们说,我们只给前线制订出了一个作战计划,却没有给他们留出执行这个计划的时间。这个话还是蛮经典的。"

成功之神边想边说:"仔细想想,还真有不少人并没有认真对待这个看似最简单的问题。我们到底有可能把什么东西放在了更看重的位置上?是面子?是好大喜功?是自以为是?还是别的什么。"

时间之神也很感慨:"我们常说要实事求是,实事求是的第一条就应该是想时间之实、求时间之是!"

措施:测量法

幸运之神开心地说:"那不就简单了?反正记得把时间安排出来不就行了?"

成功之神拍拍他的脑袋,说:"是啊是啊,怎么安排?谁来安排?有意外怎么办?"

幸运之神瞪眼看着他:"那你说怎么办?"

时间之神把双手比了个长度,说:"对时间的安排,我

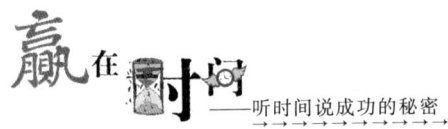

们就叫它测量法吧。主要测量两个方面：

1. 选择最佳时机。
2. 选取最佳时段。"

幸运之神不屑地说："就这么简单？"

时间之神笑呵呵地说："不管多么复杂的事，都是从最简单开始的。所以我们就是要从最简单的基本源头说起。其实就是两句话：时机对吗？时间够吗？一个是时间点，一个是时间段。"

成功之神对此倒是颇有心得，说："我来替你试着解释一下吧。时间点决定事情的准确性，是不是该这个时候出手？太早了还是太晚了？也许你想好了一件什么事，人员、物资及各种条件都具备了，却选择了一个错误的时机发动，那岂不糟糕？比如美军说他们发动的朝鲜战争，是在一个错误的时间、在一个错误的地方打了一场错误的战争，大概就是这个意思。

时间段决定事情的整体框架，框架决定着战略。比如宝洁公司在进入中国市场的时候，就想好了要用三年五年或更长的时间来占领市场，而把利润放在次要地位，这就是一种很可怕的时间段思考。要是碰上另一个CEO，说不行，半年必须占领中国市场的一半。能不能成功且不说，总之那一切战略思想及销售行为都要改变了。"

时间之神说:"还有,时间的测量工作不是一劳永逸的,也是在不断变动之中的。今天测过了,也许明天还要再测一测。"

幸运之神眨着眼睛说:"你们好像说得有点玄哦,我一下子没有全听明白。"

成功之神逗他说:"没关系,你只要记得不见兔子不撒鹰、不见鬼子不挂弦就可以了。"

时间之神大笑:"加十分!"

效果:不在时间的使用上犯错误

成功之神说:"在成功的道路上,我们可能犯这样或那样的错误,凭我的经验,时间上的失误是最可怕的,也是最难以挽回的。"

幸运之神好心地说:"不要紧呀,还有我呢。"

成功之神拍拍他的肩膀:"是啊,真的是要有你这个好朋友在身边才行喽。"

时间之神说:"最平常的事情往往也是最难的,时间就是其中之一。恩格斯就说过,时间运用的规律是极高级的规律。"

成功之神说:"要说完全不犯错误,那谁也难以做到。

但我们可以通过对时间规律性的学习，努力少犯错误，不犯大错误。我想在任何一个领域里的杰出人物，都是对时间极为敏感的人，必然是时间运用的大师。"

时间之神说："刘伯承元帅常说，'五行不定，输得干干净净'。首先，时间不定，就会输得干干净净。"

时间独白：

在我们的现实生活中，相比其他各种因素而言，时间具有天然优势，就是它永远都不会重来一次。所以，我们对时间再怎么样重视都不过分。至于怎样更好地考虑它、使用它，还需要通过对时间运用的规律做进一步更加细化的认识和分析。

时间故事

月薪八千的出租车司机

我做过精确的计算，每天开17个小时的车，每小时成本34.5元。成本不能按公里算，只能按时间算。

有一次一个人打车去火车站，问怎么走。他说这么这么走。我说慢，上高架，再这么这么走。他说，这就绕远了。我说，没关系，你经常走你有经验，你那么走50块，你按我的走法,等里程表50块了,我就翻表。你只给50块就好了,多的算我的。按你说的那么走要50分钟,我带你这么走只要25分钟。最后,按我的路走,多走了4公里,快了25分钟,我只收了50块。乘客很高兴,省了10元钱左右。这4公里对我来说就是1块多钱的油钱。我相当于用1元多钱买了25分钟。我刚才说了,我一小时的成本34.5块,我多合算啊!

点评:成本不能按公里算,要按时间算。

看图一乐

时间杀死的不仅仅是生命

第二部分

时间七量点

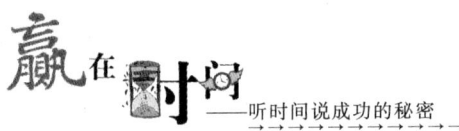

三人天南地北地在外面转了一大圈,又回到时间之神小小的书房之中。

时间之神说:"我们知道,要看清楚某种事物,除了在整体上对它给予说明之外,还需要把它分细。一般来说,分得越细越好。前面我们谈到的时间三原理,可以说是关于时间的整体感觉。下面,咱们再从细分的方面看看能得出些什么吧。"

幸运之神说:"这个我知道。就像一首歌里唱的,'我左看右看、上看下看,原来每个女孩都不简单'。对于时间,无非也是上看下看、左看右看吧?"

成功之神跷起大拇指,笑着说:"呵呵,原来你也不简单呀。这个看起来最简单的办法,其实就是最重要、最有用的办法。"

时间之神说:"的确,把研究对象从最原始的状态开始分

析,是必须的程序。所以,在我们时间家族里,大致可以分为七种不同的形态,即:时间之前、时间之中、时间之后、时间集中、时间分散、时间刚性和时间柔性。先把这七种基本形态搞清楚了,才好谈到其他一些更具体的使用。"

成功之神爱思考,思路也快,说:"有道理。时间之前可以对应提前量,时间之中对应效能量,时间之后对应补充量,时间集中对应聚合量,时间分散对应覆盖量,时间刚性对应精确量,时间柔性对应调节量。怎么样,我这个补充说明还不错吧?"

幸运之神也伸出大拇指说:"听起来很有感觉的样子。你也不简单啊!"

时间之神拍拍他俩的肩膀,笑着说:"你们就互相吹吧。"

第一章

时间之前
——提前量

> 你在说"这一刻"的时候,"这一刻"其实已经成为过去,所以抓住时间唯一的办法就是预先提前。

动物预言家

　　动物预测天气的本领十分高强。水母是一个高度准确的"活气压计",它能提前10—15小时预测风暴的来临,而马上游向深海。地面上的绝大多数兽类也能提前十几个小时预感风暴而及时逃到安全的地方。德国北部地区的雨燕在迁徙过程中,在很远的距离之外就可测到前方的天气变化而远远地绕过这一危险区,这一功能是其他鸟类所不及的。

水母说:建议住在海边的居民家里都养点水母

问题:你要把时间抢到谁的前面?

在只有短短70米的柏林纪念墙前面,时间之神、成功之神和幸运之神指指点点地数着一应俱全的岗亭、"死亡地带"和铁丝网。当年那100多公里的水泥墙不在了,50多公里的铁丝网不在了,密布的一触即发的信号铁栅栏也不在了。一个首都两个国家分用的奇特历史景观,也只是这样既清晰又模糊地存在于人们记忆之中了。

幸运之神说:"美英联军抢到了西柏林,苏军抢到了东柏林,谁抢到了就是谁的。"

成功之神说:"他们的功过咱们且不去说它。不过就普通人来讲,成功的人全都是抢在别人前面的人。"

德国柏林墙

幸运之神和时间之神一齐点头说:"同意!"

成功之神接着说:"只要总是都在别人前面,那就没有什么好担心的了。"

他这句话却遭到了不同程度的反对。

幸运之神冷冷地说:"前面如果埋伏着陷坑,倒是你要先掉下去了。还是拜托自己多一点幸运吧。"

时间之神笑着说:"你们不用吵,领先当然是好事,只是越领先,越要多一份警惕和责任罢了。而且,所谓先与后的关系,也不是那么简单和一成不变的。提前,首先是一个相对概念,有后才有前,有前才有后。你要把时间提到什么的前面?提到谁的前面?如果不是这样有明晰的相对感,提前就是一句空话。"

幸运之神开心地说:"看吧,你就埋头往前跑,前后左右是谁都搞不清楚,危险得很呐。"

成功之神这会儿没工夫跟幸运之神斗嘴了,他被时间之神的话吸引住了。他说:"我首先能想到的提前对象,就是我的竞争对手。有学习上的竞争对手,还有政治上的、商业上的、战争上的等等,那你就要比他们提前多学一点、多想一点、多做一点,争取在竞争中掌握主动。"

幸运之神仍不罢休,说:"你的竞争对手也不是吃干饭的呀!他们也在想着如何提你的前哟。"

时间之神颇有感触地说:"说的好。是啊,所以我们要有'提前的提前'这个意识。也就是说,你所能想到的第一道'提前',往往是不够的,还要想到在对方'提前'的基础上,再提前一道,才能保证必胜。这就要看竞争双方谁在掌握信息和资源以及行动力方面本事更大了。"

幸运之神今天的思维很活跃,又想到一个问题:"提前量用得好,是不是对应付不可预料或不可抗拒的情况也有好处?"

时间之神说:"我经常听到有人说,某种情况根本不可能预料得到,或根本就是天灾不可抗拒的,不能怪我等等的话。的确,人的智力和能力是有限的,有些事情是真的无法避免的。但这之前呢?这之前我们是不是能多想一点和多做一点呢?如果不具备这种提前意识,不仅是预料不到的坏事来了你挡不住,而且预料不到的好事来了你一样接不住。"

成功之神听他俩一唱一和说得热闹,忙接过话茬:"还是古人说的好啊,'凡事预则立,不预则废',就是这个意思喽。"

措施:预测法

时间之神又说:"这样,在掌握时间提前量方面,我们的主要工作就是预测了。"

幸运之神又来劲了,说:"你能预测到我吗?"

成功之神推他一掌,笑着说:"我忙我的,你来我们欢迎,你不来我们也不惦记。"

幸运之神也笑着说:"你请我还不爱去呢,你不请我我偏去!气死你!"

时间之神很喜欢看他们两个斗嘴,笑着劝说:"好了好了,你们两个我谁也得罪不起。我还是老老实实把我的预测搞好吧。具体的预测多种多样,在我的经验里,预测也有三点是需要注意的:

1.预测是动态的。

2.最好在事发前的一刹那都不要停止预测。

3.想法上提前三步、行动上提前半步。

怎么样？你们觉得是这样吗？"

幸运之神抢着说:"当然啦，现在的社会变化这么快,哪有一成不变的东西,所以作出了预测,还要不断地修正它。从逻辑上讲,越接近事件发生的那一刻,预测越准确,最关键的预测往往就在事发前的一刹那。所以预测也要坚持到最后一刻。想法多点没关系,行动可是要慎重再慎重的,行动提早太多会掉下去,提前太少又可能会来不及作出正确的反应,赶不上点儿又没你的菜吃。所以说,这三条是对的。"说完,得意洋洋地看着成功之神。

成功之神由衷地说:"难得难得,你这么个难得糊涂之人也有难得清醒之时啊。"

时间之神笑着说:"老幸的确说得精彩。从这三条基本的认识出发,预测的办法可以有一千条一万条,大家都可以自行发明。比如一叶知秋,比如从对手的哪怕一点点举

动上,判断出将要发生的大事等等。当然,预测来预测去,总归是需要有一个判断。能预测极长时期的人是高手,比如《论持久战》,能预测极短时刻的人,同样也是高手,比如体育运动中的一些对抗。又能长又能短,那就是超一流。"

听到这儿,成功之神脸上有一种奇怪的表情。

幸运之神问他:"你想到什么了,一脸羡慕的样子?"

"神仙,我要是有神仙的本事就好了,什么都预先知道,那该多好,什么股票、期货,岂不是钞票随便赚。"成功之神神往地说。

时间之神哈哈大笑,说:"那可说不准。我可以推荐你看一篇很好看的小说,卫斯理的《从林之神》,里面有一个人得到了一件宝物,获得了能预知所有事情的能力。你去看看他有多痛苦,你就不一定会这样想了。"

⏱ 效果:适得其时

幸运之神问:"预测搞好了,我们就总能保持领先喽?"

成功之神回答说:"你不是说领先不好吗?怎么这会儿又改主意了?"

时间之神说:"不是不好,领先一步,就能获得比别人更多的自由和主动。但是别忘了,跑在前面也好,暂时落后也好,我们的考虑始终应该放在'适时'这个感觉上。跑过了,咱们就等一等,落后了,咱们就赶一赶。"

幸运之神疑惑地说:"什么叫跑过了?什么叫落后了?这,太难了吧?"

时间之神说:"落后了,比较容易察觉,跑过了,倒真是一个难题,不太好理解。"

成功之神举手说:"我知道。是不是就像哥白尼的《天体运行论》,他这本伟大的书受到种种阻挠,出版很晚,他只来得及摸了摸书的封面,就与世长辞了。不过没来得及赶上布鲁诺那样遭受可怕的火刑,倒也是一件好事。"

幸运之神大大地不以为然:"你这好像是以小人之心度君子之腹哦。"

时间之神说:"哥白尼倒不是有意要等的,如果没有布鲁诺这样的勇士,咱们的文明进步也要延迟很多。这些咱们且不去说它,从不同的角度,可以得出不同的结论。"

成功之神说:"就从时间本身来说,走在前面的人可能会先得到甜果,但也要比别人先面对更多的危难,这也是正常的道理吧。"

幸运之神昂着头说:"我还是更喜欢这句话,我不入地狱,谁入地狱?"

两人肃然起敬。

时间独白：

提前量的运用，可以说是时间运用中最为常见的一种，需要我们用大量的工作和生活实践来不断地丰富、强化这种能力。提前量尤其强烈地指向人的主动精神，不管是前面的人还是后面的人，只要稍有松懈，保守思想一产生，是不可能把提前量这件事做好的。

时间故事

提前量服务

一直以来，黄河啤酒占领着西宁啤酒市场几乎90%的份额，西凉啤酒连续三年都没有进入。第四年，西凉啤酒在听取专业公司的意见后，把核心行动放在了"提前量服务"上。所谓提前量服务，就是在所有的西宁卖点终端上，全面进行小区域的服务包干制。只要哪个小商店没有了黄河啤酒，马上就送货进去。先是少量给货，让商家感到没有压力。但企业要求服务人员至少每天不少于两次光临各个终端商门口。只要看到终端商的店里只有一二箱啤酒时，马上开始提前量供货，连续这样服务，把终端商养成了"懒惰"的进货习惯，反正大小是个卖，方便就行。这样的策略，把黄河啤酒搞得相当被动,最后,西凉啤酒逐步在一年之内把黄河啤酒70%的市场占领。

点评:要想抢到别人前面去,必须在对手还没有感觉的时候动手。

看图一乐

看不见的部分总会比看得见的部分抢先一步

第二章

时间之中
——效能量

> 时间就像一只筐,同样大小的筐,你装东西的方法不同,那么这只筐里能装的东西多少、大小也不一样。

用10个气囊呼吸的奇鱼

亚马逊有一种奇鱼,身体细长,长约15厘米,有一点像鳗,和其他鱼一样有着一套完整的鳍。最奇怪的是,这种鱼有10个气囊,而通常的鱼只有2个或3个。这一奇怪的特征,让科学家相信,它可以在水面上呼吸。巴西的水生生物学家称,这是一个新的物种。它的出现,将会在生物分类上,多出一个"门派"。这是100多年来,人们首次发现鱼的新物种。

奇鱼说:你们吸一口气的时候,我吸了十口气

🕐 问题:什么是当前时间的最大效能?

奈良的姬路城堡,因为它和在千羽河畔筑巢的白鹭很相似,所以人们又叫它白鹭城。在这座规模夸张的城堡里,到处都能看到大量的密道和武器。时间之神、成功之神和幸运之神站在城堡优美飞翘的屋檐下,眼前仿佛又浮现出了一幕幕日本时代剧的场景。

成功之神说:"为了保护这个城堡里面的人,用了300多吨木料和3000多吨片瓦和巨石,也算是尽其所能了。我每次做一件事情的时候,也都力求自己要集中精力、全力以赴地去做。不过有时候做得好,有时候做得不太好。"

日本奈良姬路城堡

　　幸运之神打趣他说:"那是你水平不行吧? 呵呵。"

　　时间之神说:"他水平行不行咱们不知道,而对于时间的使用方法是否合适,也会影响到事情的好坏。"

　　成功之神问道:"您说的这也是一个相当常规性的问题,反正时间一共就这么多,怎么样在这个时间里办更多的事、把事情办得更好? 在我们看来,常规考虑无非就是想尽办法把每一分每一秒都撑到最大最满,让自己的精力和所能利用的资源一刻不停地最快运转,应该就能取得单位时间的最大效能了吧。"

时间之神点头说:"从正常的考虑来看是这样的,这样做肯定是有效的。不过,面对常规性的问题,我们除了必须用常规性的路子来思考之外,同时也要用反常规的路子来思考。"

幸运之神对反常规最感兴趣了,赶忙问:"怎么反常规?"

时间之神接着说:"反常规的考虑是,如果按照上述常规的思路进行,的确有可能得到你想要的理想结果。但也可能为了此一时的最大效能而几乎耗尽所有能量,造成后力不继的情况。那么这个'最大效能'的价值也许就要打个折扣了。"

成功之神也说:"那倒是。比如说我看到好多准备参加高考的同学,其中有相当一部分人就是抱着把每一分每一秒都撑到最大最满的想法,结果临到考试的那一天,精力几乎耗尽,就不能以最好的状态去迎接战斗了。"

时间之神说:"所以我们在这里想要提醒的是,对于所谓最大效能,最好不要全都以一种求'最'的心态去看待它,而是时刻要有留有余地和机动的意识。这样的最大效能,才是有生命力的效能。"

措施：多一法

成功之神还是感到不满足，问："是啊，你说的道理是没有错的。可是具体到某一段时间，我们到底怎样才能让它发挥出更大的效能呢？我需要实实在在的办法。"

时间之神笑呵呵地说："别急啊。再好的办法，都一定要有道理的前提做支撑。像刚才所说的，你如果对'最'字的理解有偏差，那我们的办法越多，可能越会坏事。"

幸运之神也嫌时间之神啰唆，等不及地问："到底是什么方法，你快说呀。"

时间之神说："在某一段相对固定的时间里，要想提高在单位时间内的效能，我看主要有两条基本的途径，就是'以一化多'和'以多化一'，我叫它多一法。"

成功之神很感兴趣："请说详细些。"

时间之神接着说："以一化多，就是像孙悟空变小猴子一样，拔些毫毛就能化身千万的法术，用一点去带动多点，用多层去推动整体。具体的可以参考以下三个办法：

1．同时多开几个工作面。

2．多找些人来同时做。

3．尽量把工作关系由串联改为并联。

这些方法都是尽量用更多的资源来同时投入，就能取得单人、单面、单层所不能取得的更大效果。简言之以一化多就是做加法。"

幸运之神问："好懂。那以多化一呢？"

时间之神说："以多化一就是做减法喽。做减法也能增大效能,基本道理是抓住主要矛盾,就是把力量集中在一点上,用较大的力量先寻求突破,往往能取得好的效果。这里也试举几例如下：

1. 把你想要达到的目标单纯化。

2. 排除不必要的干扰。

3. 尝试尽量简化环节。

这也好有一比,比如解放军攻城,面对坚固的城防,总要选一个突破口先进行爆破,其余部分自然迎刃而解了。这不也是一种简化吗？"

幸运之神眨眨眼说："这两个方面不矛盾吗？"

成功之神听明白了,说："我看是不矛盾的。要根据事情的实际情况来进行分辨处理,而且这两个方面可以合起来大概理解为'以多攻一',让事情在尽量短的时间里尽快解决。"

时间之神微笑点头。

⏱ 效果：取得超常的成效

幸运之神又问："我们把你刚才所说的方法用好了，就能取得比别人更大的成绩吧？"

时间之神说："当然。我们说追求时间的效能，当然都是想取得不同一般的成绩。这个不同一般，一方面是指不同于别人的一般，一方面是指不同于自己原来的一般。要和别人比，也要和自己比。"

成功之神脑子转得快一些，说："我想，和别人比，也就是说在相同的时间里，你能做到别的人做不到的事，这就显出效果了。和自己比也一样，原来你在这么长的时间里只能做这一点事，现在能做更多的事了，或是能把某件事做得更好，当然也是成效。"

时间之神说："用时间来衡量效能，是最方便的衡量方法。当然还有其他千万种不同的衡量法。另外，从时间的意义上来讲，效能永远在过程中，而不仅仅在结果中。"

时间独白：

关于时间效能，主要说的是现在进行时。我们常说抓住现在就是抓住了生命，的确，"现在"是我们思考时间问题的基本出发点和归结点。我们回顾过去，展望将来，最终都要回到这个问题:现在该怎么办?

时间故事

烙 饼

甲出了一个题目让乙来完成。这个题目看起来是不可能完成的,即在一个同时只能烙两张饼的锅中,3分钟内烙好3张饼,每张必须烙两面,每面烙1分钟。这样算下来,最少需要4分钟才有可能把三张饼烙完。可是甲只给了乙三分钟的时间,这怎么办呢?

乙想了想,突然想到了在三分钟内烙三张饼的方法:这种方法的宗旨就是打破常规的烙饼方法。先烙两张饼,1分钟后,把一张翻烙,另一张取出,换烙第3张,又过1分钟,把烙好的一张取出,另一张翻烙,并把第一次取出的那张放回锅里翻烙,结果3分钟后3张饼全烙好了。

点评:这个烙饼的故事是典型的时间立体操作。在过程中,每一个环节不是独立的,而是交叉进行的。它可以最大化地压缩时间,提高效率。

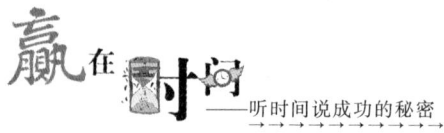

看图一乐

把人摞起来,时间就挤出来了

第三章

时间之后
——补充量

> 就某件事情而言,不仅要为它设置一定的提前量,也要考虑为它设置一定的后续补充量,并作出适当限制。

动物妈妈

世界上有很多动物可以把怀孕的时间延长或缩短。貂、花斑臭鼬等啮齿动物,夏秋天交配后,健康的受精卵能暂时"停止活动",也不马上附在子宫壁上,而是呈囊胚状态浮游于子宫内,等到寒冬过去,温度升高,食物丰富,生理上又充分做好了怀孕生产的准备后,貂和花斑臭鼬这才使囊胚附在子宫壁上发育成胎儿。于是宝宝躲过了最难熬的冬天,妈妈也有足够的食物转成奶水,恰好使孩子在春夏秋三个季节学到谋生的技能,以应付生命中的第一个寒冬。

貂妈妈说：怀孕时机不好不要紧，为了宝宝我可以挺

问题：把时间延长期的最后底线设在哪里？

这一天，时间之神、成功之神和幸运之神来到埃及看大金字塔。开罗的天空非常晴朗，三座大小不同的金字塔安详地躺在撒哈拉沙漠上，反射着太阳的光辉。斯芬克斯依旧漠然地遥望东方，三三两两骑着骆驼漫步的人们，似乎并不在乎这个守护神的威慑。它的力量和智慧，也和金字塔一样，只出现在法老们古老的梦里了。

幸运之神说："法老们为自己的身后想得也够周到的了，在生命结束之后，还要这样辉煌地展现自己的无上权威，有点过分哦。"

埃及大金字塔

成功之神说:"所以说,从时间上看,很多事情的后续补充还是很有讲究的。"

时间之神说:"是的。一般来说,事情做完了,还要留点时间思考思考,补补漏洞什么的。这也是基本的道理。古代县太爷审完一个案子之后,都要回到一个叫做退思堂的地方坐一会儿,喝喝茶,想想今天断的这个案子还有什么不妥之处,就是这个意思。"

成功之神说:"事后反思,是咱们中国的优秀传统,孔夫子的学生曾子不是常说'吾日三省吾身'吗?"

幸运之神说:"那要想到什么时候是个头啊?"

时间之神说:"事情是永远做不完的,但对于某一件具体的事情来说,总会有个结束的时候。事后的时间延长或补充是必要的,不过还是需要设个闸门来限制一下,应该有一个延长期的最后底线。不然的话,也会造成一些混乱。"

幸运之神问:"会吗?"

时间之神答道:"我们可以举一个极端一点的例子。比如说你在生活中如果受到什么感情的伤害,一下子是不容易消除的,那么一个月、两个月怎么样？还是不一定能消除,甚至是一辈子也难以忘掉,这可不是什么好现象。类似这样的事情,的确需要一段治愈创伤的时间,但从道理上讲,最好不要让它影响的时间过长,对我们今后的生活不利。所以,我们就可以试着给他设立一个闸门,让它止步,再开始新的生活。其他还有创业中的失败、生活中的挫折等等,都是这样。"

成功之神说:"你这样一说,我也明白了。同样的,如果是什么值得高兴的事,比如你取得了什么好的成就,这种好的影响也会有一个时间值,对这个时间值有个比较清醒的认识,也会有利于今后的进步,而不至于让好事变成了今后前进的包袱。"

幸运之神说:"你们说的这些有这么严重吗?我看不至于。"

时间之神笑着说:"等你掉到某个坑里难以自拔的时候,咱们再继续谈这个问题吧。"

措施:补强法

成功之神每次最关心的是具体方法,问道:"既然事情需要时间补充,那补多少算够?补到什么时候算完呢?"

时间之神皱着眉头说:"这还真是个难题。因为世上的事情千差万别,每个人的选择也是形形色色,哪有个准。一定要说的话,还是有几条原则性的东西可以说一说。"

幸运之神做头痛状,说:"你们又把事情搞得这么复杂。"

时间之神笑着说:"正好相反,我们是为了把复杂的事情尽量弄得简单些。用简单再去把握复杂,岂不方便?"

成功之神也笑,说:"你不用管他,说来听听。"

时间之神掰着指头说:"我还是说三条:

1. 补坏事不如补好事。

2. 被迫补不如主动补。

3. 晚点补不如早点补。

这三点都有越补越强、越强越补的意思,所以我叫它

补强法。"

幸运之神说:"奇怪哦,好事有什么好补的?"

时间之神说:"在我们的生活中,有很多时间补充的情况,比如补课、补工等等。一般情况都是因为前面做的事情不够完善,需要再补救什么的,这是正常的,谁都会想着要去做。但是还有另一种情况更加值得我们注意,就是对于已经做得很好的事情,也要有补充考虑的习惯。因为这样才能让这个'好'更加保持住,发挥它应有的作用。"

成功之神说:"嗯,有点意思。我要是成功地签下了一单生意,还没来得及高兴,就会想着还有什么需要再多考虑考虑的,别让什么没想到的把这好事儿给搅了。"

幸运之神又问:"那怎么说补坏事不好呢?"

时间之神说:"也不是说完全不好,是不太好。比如说'破镜难圆'、'防患胜于救灾',总之,事情如果已经办糟了,那不补也没有办法啦,但总觉得别扭。"

成功之神说:"这就是你说的被迫补的情况吧?"

时间之神说:"是啊,一说到被迫和主动,我们就明白什么好什么不好了。如果你在学校拉下了作业,赶快找时间自己补上,别等着老爸的板子打到屁股上。而且是越早越好。所以,晚补不如早补也是顺理成章的了。"

幸运之神觉得这样说还算明白,忽然发起感慨来:"天可补,地可缝,人心不可回。什么事情都好补,就是伤心不好补哟。"

两人大笑:"你又伤了谁的心了?"

效果:让过去成为以后的良好开端

时间之神说:"在我们谈论时间问题的时候,一直贯穿着'了解过去、立足现在,着眼未来'这样一个总体思路。所以,对于时间补充量这个话题来说,仍然要站在总体思路这条线上来动态地看待它。"

成功之神说:"你的意思是不是时间补充不仅是为了'之前',更重要的是为了'之后'?"

时间之神说:"正是如此。表面看来,补充量是在为已经发生过的事情着想。但我们之所以要讨论它的意义,还是为了争取要使它对未来可能发生的事情产生好的影响。这样,我们对于时间补充量的思考就有了相当积极的成分,这也是我们一再提倡的生活态度。"

幸运之神点头说:"这个意思好,我很同意。不管之前发生了什么样的事情,总之不要让它成为今后的绊脚石就好。"

成功之神说:"我想也不是那么容易的。要想好好地面

对未来,必须首先正确地面对过去。已经发生的事情虽然是过去了,但是该继承的要继承、该舍弃的要舍弃、该反省的要反省、该还账的要还账。如果没有这样的态度,怎么补都补不好,何谈面对未来?"

两人鼓掌:"精彩!"

时间独白:

我们在谈论时间补充量的时候,感觉上不像谈提前量和效能量那么强势,但是它的重要性恰恰体现在承前启后的关节点上。要从积极的意义上去理解时间补充,想当然地消极去"补"是远远不够的。

时间故事

老陈说卖橘

我从部队退伍,种了20年橘子。我们现在推广高品质无公害技术中一项重要的技术,叫完熟采收技术。什么叫完熟采收呢?就是让柑橘长到它品质最好的时候采摘,如外观、糖度等指标,所以非常好吃。以早熟温州蜜橘为例,采收期比传统的采收推迟10-15天,最早从10月上旬开始采收,最迟到11月底,留果量占整棵树的二分之一到三分之二。因为完熟采收对树是有一定的影响的,采后要马上施肥,而且要施长效的有机肥。

我们原来的时候有过一段抢先销售,就是想卖个好价钱。可是抢先销售的橘子品质比较差,就卖不到好价钱。现在你有好的橘子拿到市场上去卖,人家吃了觉得味道好,就说,你只要品质好,上市晚一点、价钱贵一点都没有什么关系。

点评:销售早,能抢占先机,销售晚,也能卖到好价钱。晚有晚的办法。

看图一乐

新型停车计时表,如果停车超过时间,计时表就——我喷!

往往是到了某个时间节点,就要小心有意外发生了呵

第四章

时间集中
——聚合量

> 有意识地集中安排一块完整的、不受干扰的时间，来完成一些较为重要的事情，对于我们是十分必要的。

爸爸孵蛋

南极的企鹅家族有一种伟大的父爱。雌企鹅产蛋完毕之后就出去觅食，而企鹅爸爸就担负起孵蛋的重任。它们把卵放在两脚之间没有羽毛而且血管丰富的地方，然后一动不动地专心孵蛋。孵化过程需要60多天。在这期间，企鹅爸爸不吃不喝，什么都不做，忍受严寒，专心孵蛋，直到小企鹅出世。小企鹅出世时，企鹅爸爸已经骨瘦如柴，筋疲力尽了。

企鹅爸爸说：孵蛋这活儿真累人，相当需要意志力

🕰 问题：你是否具有集中整块时间的能力？

因为幸运之神的提议，三个人就专门挑了冬日的一天来看美国黄石公园。黄石公园的冬天果然别有一番景致，园内最受瞩目的老实人喷泉（Old Faithful Geyser）比夏天的时候喷发更加壮观，冰雪与热泉共映生辉，确是人间奇景。三人在公园里搞什么越野滑雪、冰上风帆，玩得不亦乐乎。

玩累了，就在雪地里坐下休息一会儿。成功之神说："这个黄石公园里集中了石林、熔岩流、侵蚀地貌等等，还有温泉、河流、峡谷等，才构成一个有一定规模和完整的地质公园。我想,这就像我们做很多事情,也需要把时间集中到一个较为完整范围里来完成,尤其是一些比较重要的事情。"

时间之神接口说:"而在实际生活当中,我们总是会受到这样或那样的干扰,使我们的时间安排变得千疮百孔,惨不忍睹。所以,在需要的时候能不能有效地集中使用时间,也变成了一种难得的能力。"

幸运之神说:"是啊,我看很多人经常是被这样或那样的人和事追得满天飞,反而把另外一些重要的事情一拖再拖。"

美国黄石公园

时间之神也说:"时间集中使用的必要性,实际上是基于我们对重要事情的思维的连续性的要求。比如一个重大决策,一篇重要文章,或者是一个重要的实验。在这些时候,我们实在是不想有人来打扰的。"

成功之神说:"所以,我觉得在打算要做这一类的事情之前,就要采取一些手段来保证即将到来的重要时间的完整性。这看似自然的道理,要实行起来却有诸多意想不到的困难。"

时间之神笑着问:"你都碰到些什么困难了?"

成功之神苦着脸说:"多得很。有时候好不容易来了灵感,想坐下来好好写篇东西,可是左一个电话,又一个活动,碍于人情面子,你还不得不接、不得不参加。也够烦人的。"

幸运之神开玩笑说:"你的秘书呢?现在好多大老板自己都是不带手机的哦!"

成功之神脸还是苦的:"那我这个老板还不够大呗!"

时间之神说:"是啊,这些看起来微不足道的大大小小的事情,结果不知不觉就把你的时间瓜分掉了。所以,想要拒绝这一类的干扰,还需要适当地下点狠心才行。"

幸运之神说:"我看有不少的科学家在生活中多少显

得有点不近人情,也是因为他们实在是没工夫去理会那些闲杂事情吧。好几次朋友找我去打牌,我就没去,因为我正忙着看世界杯呢。这也算集中时间吧?"

时间之神笑着说:"当然算。"

措施:切割法

时间之神说:"刚才我们说了,要想获得整块的时间,就要想办法、下点狠心斩断一些牵牵连连的东西。比如高挂免战牌、谢绝客访之类,保持最低限度的与外界联系。"

成功之神说:"这样是不是不太好啊?人家会说你架子大,而且说不定会耽误我别的事情呢。"

幸运之神说:"哦,你什么都想面面俱到,哪有那么好的事。"

时间之神同意说:"是的,世界上的事本就不是十全十美的。只是说我们可以尽量把它安排得更合理一些。要想得,必有舍。"

成功之神点头说:"也是。那怎么做才能得到我想要的整块集中时间呢?"

时间之神说:"时间很有特殊性。一般可见物质资源的集中使用,都是以堆积增量为主要方式,而偏偏时间的集中是以切割分离为主要的行动方式。"

幸运之神觉得很有意思,问:"切割分离？那不是越切越细,还怎么集中呢？"

时间之神笑着说:"你就是着急,我还没说完呢。因为时间这块大蛋糕是永远固定的,你不能再增加它什么了。你能把某段需要的时间成功地、完整地分离出来,就算是成功地集中了。下面我们还是来试举几点具体的做法:

1. 把对外联络主次分离。
2. 把无关之事暂且搁置。
3. 把生活程序简到最简。

这三个做法其实说出了干扰的三个最主要的来源。在对外联络、事情大小、生活方式这几个方面,做到清晰、明快、简洁就好。"

成功之神说:"我理解这里面还包含了一些'决心、理性、意志'等含义。如果是优柔寡断、感情用事、浮躁不安的人,他肯定难以做好集中时间的事情。我说的对不？"

幸运之神这回也有点佩服他了,拱手说:"果然不愧是成功之神,果然有两下子。说得好,俺自愧不如。"

成功之神开心地说:"老兄你这一客气,我还真有点不习惯呢。"

时间之神看着他俩,心想:"这两个家伙倒真是天生一

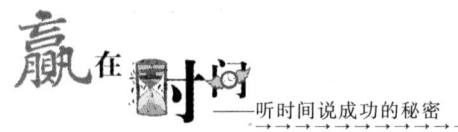

对呢。"

效果：集中力量办大事

时间之神说："在我们的生命各阶段中，会经常遇到要运用时间集中的情况，要有意识、有能力这样去运用，才有利于成就大事。"

幸运之神说："我知道一个人，他的时间使用方式就很特别，但是我可学不来。"

两人忙问："谁？"

幸运之神洋洋得意地说："德国的哲学家康德。他一生之中的活动范围很小，基本上就是在居所之中思考、写作、散步，再思考、写作、散步。他的邻居们甚至用他散步的时间来校对自家的钟表。他倒是取得很大的成绩，不过我可不想过这样的生活。"

成功之神说："谁让你去邯郸学步了，注意领会精神。比如说你有没有拿出整块的时间来认真思考自己的人生道路？有没有用整块的时间来陪陪家人、共享天伦之乐？有没有用集中的时间来攻克你工作中一个重要难题？"

幸运之神举手说："好好好，我领会精神就是。明天我就把自己关在家里，哪也不去，好好想一想我要干什么。"

时间之神总结说："所谓集中时间成大事，也是相对而言的。什么叫大事？有很大的大事，也有一般的大事；在别人是小事，在你却是大事等等。其实啊，说狠一点，在我们的生活中，如果不能有意识地、较好地运用时间集中的方法，不要说大事小事，你甚至可能会一事无成。"

幸运之神做捂心口状，说："又讲得这么严重，你们老是吓我。"

时间独白：

时间集中的问题，又是一个看起来不难，做起来极难的事，因为你要和许许多多与之相悖的因素进行斗争才能达成。就算是"人在江湖，身不由己"，是不是也要拿出点勇气和决心来，才能在这个江湖真正立足和发展呢？

时间故事

茅家琦打瞌睡

南京大学的著名教授、历史学家茅家琦，潜心学术，在太平天国史、民国史、当代台湾研究、长江下游城市近代化研究等诸多领域，都取得了海内外公认的卓越成就。茅家琦年轻时爱好广泛，打桥牌、下围棋、吹箫弄笛、吟诗作对，可谓多才多艺。但为了集中时间和精力于学术，茅家琦逐渐和这些爱好都"拜拜"了。1980年,他在巴夫罗纽约大学访问,主人盛情邀请他欣赏交响乐,不料他却在音乐大厅里打起了瞌睡。

点评:茅家琦肯定不是个天才,不然他就不必和自己的爱好说"拜拜"。既然不是天才,那就要更加专注。

看图一乐

有必要织一张这样的网,把时间牢牢地圈起来

第五章

时间分散
——覆盖量

> 分散或零乱的时间分布十分广泛,总起来的量大得超乎想象,可以用它们来做很多事情。

勤劳的河狸

河狸是一种异常勤劳的动物,干起活来从不知疲倦,对建房筑坝有独特的本领。因此在英国和美国,人们都喜欢用"河狸"一词来称赞那些对工作不辞辛苦的人们。

为了防御狼、山猫等天敌,河狸都把房子建在水中。它们造房子可不容易,既要有一定的水位,还不能让水把房冲走,因此它们必须先筑堤将水流截住,然后再在堤内造房。筑堤时,它们先用锐利的门牙将树干啃断,让树倒向河

河狸说:我从不敢浪费一点儿时间,不然这么大的坝你来堆一个试试?

里。当聚集了许多树干后,再利用水流把树干运到围堤的地方,一根根垂直插进土里当做木桩,然后用树干、石子、淤泥堆成堤坝。最长的堤坝有180米长、6米宽、3米高。

问题:怎样把零散的时间织成一张更有效的网?

时间之神、成功之神和幸运之神漫步在巴黎罗浮宫,三人不约而同在维纳斯的雕像前停住了脚步。维纳斯还是那样超然地闲闲立着,既不像胜利女神尼卡那样骄傲,也不像蒙娜丽莎的微笑那样神秘,她似乎把一切都放在心上,又似乎把一切都不放在眼里。

时间之神说:"从路易十四开始,到拿破仑,再到拿破仑三世,前后近600年的时间,罗浮宫收藏了40多万件世界艺术的珍品,才有了今天这样洋洋大观的规模。"

成功之神说:"我在想,人的一生中,零散的时间非常之多,其实这些时间也可以算是我们非常珍贵的东西。如果不把它们用好,实在是很可惜的。"

时间之神说:"是的。生活中零散的时间大致可以分为两大类。一类可以叫做有意分散,也就是你把某些事情有意识地化整为零地去做,今天做一点,明天做一点,这样效果会更好,比如记英语单词。一类可以叫做无

巴黎罗浮宫维纳斯像

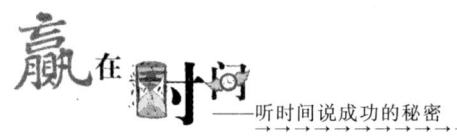

意分散,就是在你不经意之间,从手指缝中溜走的那些时间,比如在等车的时候、在发呆的时候。我们基于这两类分散的时间,考虑怎样才能使它们变得更加有效。"

幸运之神歪着头想想说:"是有这么回事。"

时间之神接着说:"时间的有意分散是我们主动的行为,因为有很多事情的确是难以一蹴而就的,只能是打散了慢慢来。这其中包含了分布性和连续性两个方面。就是说做某些事情要求我们必须将时间分开使用,同时又要保持各个分离时间之间的连续性,不能断。如果'三天打鱼,两天晒网',这样断断续续的,那么这个'有意分散'就变得苍白无力了。"

成功之神说"是的,往往长期坚持要比一朝得手要难上百倍。那么无意分散呢?"

时间之神说:"时间的无意分散当然就是无意行为,至少是意识不明晰的状态。一个人在压力不足、目标不明和训练不够的情况下,比较容易出现较多的无意分散时间,这样效率极低。"

幸运之神问道:"所以你说了这么一大篇,就是想让大家把这些效率极低的分散时间好好利用起来。那应该怎么办呢?"

时间之神说:"从以上的分析可知,我们首先的任务,就是怎么把无意时间中的一部分变成有意时间,让它明晰化起来,以更好地为我所用。然后我们再想些具体的办法来实现它。"

成功之神拍手道:"时间是最宝贵的资源,浪费了多可惜。你快说说办法吧。"

措施:零存整取法

时间之神说:"我们常说积少成多,积小胜为大胜,在时间的运用上,也就是使零散的时间具有某种整体性。形则为分,实则为合,有利于我们取得更大的时间效用。"

成功之神说:"这和银行的零存整取差不多吧?"

时间之神说:"是的。整体性越强,覆盖面越广,那么我们的人生过程是不是就会越丰富、越有力呢?如果你能把别人平时不留意的、边边角角的时间都能纳入到你的某个整体框架中来,那么你的时间就会一下子比别人多出几倍。具体办法试举如下:

1.把你的时间分片划区,最好不要有遗漏。

2.给每一段零散的时间都贴上你需要的标签。

3.不同的时期围绕不同的主题进行。

用这些方法把零散的时间归整,就能取得额外的整体

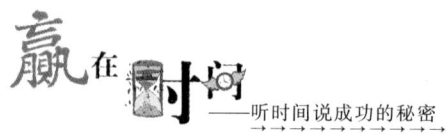

成效。而这种整体性的强弱,取决于你的目标是否明确、你的意志是否坚强、你的习惯是否良好等等。"

幸运之神作晕倒状,说:"按你这样搞法,生活岂不是会显得过于刻板了?缺少了生活中不可知和不确定的弹性乐趣?"

时间之神说:"没错,也许会,但更需要。我们知道生活在任何时候都是两面的,对于过于刻板的人而言,我们也许会劝他多放松一下自己,增加些自由的趣味;而对于过于放纵的人而言,是不是就要多强调一下严格的方面呢?更何况,我认为一个人要在社会立足,严格是当然的基本形式。没有严格的底子,其他莫谈。"

成功之神说:"这个观点我同意。像美国的巴顿将军和麦克阿瑟这样的人够率性而为的了,但他们也是经过了在西点军校的所谓地狱式训练熬出来的。有些人只看到他们表面上的风光和随意,可是不知道如果没有极为严格的做事的基本训练,他们可能根本就没有率性和随意的机会。"

效果:处处是黄金

时间之神说:"为什么有的人一辈子可以干很多很大的事,有的人却一辈子碌碌无为、混天过日?除了一些其他方面的原因之外,对时间的运用,尤其是对分散时间的运用存在着很大的不同。"

成功之神说:"我感觉对分散时间的运用,就像是挖金矿一样来挖掘时间的利用潜力。地域性的空间容易看得见,今天去了北京,明天去了上海,后天去了纽约,这很好理解,也更加容易做到些。但是时间潜力的挖掘和扩展就不是那么容易看到的,它们藏在很多你不注意的地方,白白地流走了。"

幸运之神琢磨说:"每一点的时间可以说都是金矿,捡到了就是你的,不捡就不是你的。我看也没什么难的,很容易嘛。"

时间之神笑着说:"对于有良好习惯的人而言,的确是很容易的。但并不是所有的人都知道要去捡这么容易捡到的黄金。我的一个朋友曾经问我:我工作太忙,很想管小孩的学习,可就是感到抽不出时间来,我很内疚,也很迷惑,怎么办?

我只反问了她一个问题:你在小孩每天睡觉前的三分钟在做什么?

她默然:不记得了。

我说:用这三分钟给小孩讲一个成语或英文单词。

她吃惊:这样也行?

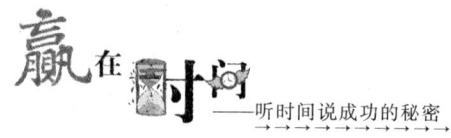

我说:具体办法你自己去想,意思就是这个意思。"

成功之神说:"就像你的这个朋友说的一样,我平时也常听到有不少人说这个没时间、那个没时间。这样看来问题根本不在没时间,还是在于没有用好时间。"

时间之神说:"看起来简单的事,做起来不那么容易。如果对时间总是缺乏细腻的感觉,总是以粗线条的态度看待时间,那你的时间就永远不够用。"

时间独白:

越分散的东西越不容易抓得住,这是世之常情。越是这样,恰恰说明越是需要更大的意志和更强的训练才能做到。而所有分散的东西里面,分散的时间又是其中最捉摸不定者,抓住了它,就更好地抓了生活的深度和广度。

时间故事

管道的故事

1801年,意大利中部的小山村,有两位名叫柏波罗和布鲁诺的年轻人,他们是最好的朋友。他们渴望有一天能通过某种方式成为村里最富有的人。

一天,机会来了。村里决定雇两人把附近河里的水运到村广场的水缸里,按每桶一分钱的价钱付钱。这份工作交给了柏波罗和布鲁诺。

"我们的梦想实现了!"布鲁诺叫着,"简直无法相信我们的好运气。"但柏波罗不是非常确信,他的背又酸又痛,提那重重的大桶的手也起了泡。他害怕明天早上起来又要去工作。他发誓要想出更好的办法,将河里的水运到村子里去。

"布鲁诺,我有一个计划。"第二天早上,当他们抓起水桶往河边奔时,柏波罗说:"一天才几分钱的报酬,而要这样来回提水,干脆我们修一条管道将水从河里引到村里去吧。"

布鲁诺愣住了。"一条管道?谁听说过这样的事?"布鲁诺大声嚷嚷着,"柏波罗,我们有一份不错的工作。我一天可以提一百桶水。一分钱一桶,一天就是一元钱!我是富人了!六个月后,我可以盖一间新房子。我们这辈子可以享受生活了!放弃你的管道吧!"

但柏波罗不是容易气馁的人。他将一部分白天的时间用来提桶运水,用另一部分时间以及周末来建造管道。他知道,在岩石般硬的土壤中挖一条管道是多么艰难。他知道他的薪酬在开始的时候会降低,而且要等一两年,他的管道才会产生可观的效益。但柏波罗相信他的梦想终会实现。于是他就去做了。

布鲁诺和其他村民开始嘲笑柏波罗,称他为"管道人柏波罗"。布鲁诺赚到比柏波罗多一倍的钱,炫耀他新买的东西。他买了一头驴,配上全新的皮鞍,拴在他新盖的二层楼旁。

当布鲁诺晚间和周末睡在吊床上悠然自得时,柏波罗还在继续挖他的管道。头几个月,柏波罗的努力并没有多大进展。一天一天过去了,他继续挖,每次只是一英寸。最后,柏波罗的管道终于完工了!村民们簇拥着来看水从管道中流入水槽里!现在村子源源不断地有新鲜水供应了。附近其他村子的人都搬到这个村里来,村子顿时繁荣起来。

管道一完工,柏波罗不用再提水桶了。无论他是否工作,水源源不断地流入。他吃饭时,水在流入。他睡觉时,水在流入。当他周末去玩时,水在流入。流入村子的水越多,流入柏波罗口袋里的钱也越多。

许多年过去了,柏波罗遍布全球的管道生意每年把几百万收入流进他的银行账户。

点评:分散的时间最好用来建一条完整的管道,而不是仅仅让它们花费在一桶一桶的水上。

看图一乐

到底要怎么摆才合你的意?

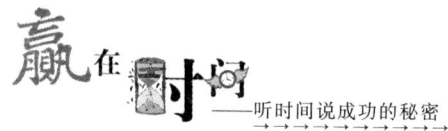

第六章

时间刚性
——精确量

> 在我们的生活中,总有一些时间或时刻具有确定的不可改变性,需要极其精确的执行。它们可能不是很多,但很重要。

海牛的睡觉

对于需要呼吸空气但大部分时间都在水下的动物而言,它们的生活极具挑战性,因为睡觉是一个大问题。海牛的睡觉时间选在吸气和呼气的间隙,因为它每隔二十分钟就会浮出水面一次,利用这段间隙时间正好可以打个盹儿。

🕰 问题:哪些是不可变更的时间?

游船从悉尼港湾大桥下面缓缓驶过。时间之神、成功

海牛说:睡觉是大事,逮机会我就睡

之神和幸运之神三人伫立船头,望着阳光下婀娜多姿、轻盈皎洁的悉尼歌剧院,感觉不是他们所乘的船在动,更像是歌剧院那巨大的白帆在迎风飘扬。在蓝天、碧海和绿树的映衬下,游览的人们也像要和歌剧院一起飘飘欲飞了。

时间之神说:"你们知道吗?这歌剧院的三组壳片,每一个壳片都相当于假想半径为 76 米的圆球表面的一部分。为研究和设计这些壳片的结构,用去 8 年时间,施工也费时 3 年多。"

澳大利亚悉尼歌剧院

幸运之神一吐舌头,说:"我的妈呀,这么费劲!要是我,干不了,早跑了。"

成功之神说:"那有什么办法,如果该你做的事情,你想跑也跑不了。还要像人家那些工程师们一样,想尽办法把它研究透,做到底。"

时间之神说:"是这样的。我们每个人的生活环境和工作性质都不完全一样,可不管怎么样,刚性不可变更的时间总会在我们生命的一些重要时刻出现。这种刚性时间具有客观性,即它多数是由外界因素所决定的,你必须服从它并准确执行它。"

成功之神说:"是有很多这样的时候。比如老师和学生的上课时间、工人的上班时间、农民的种田时间、一次重要会议的时间、军队的训练时间、火箭的发射时间、妈妈哺喂小宝宝的时间等等。这些都是一定不能错过的,因为已经有非常多的你所不能控制的因素集合起来了,规定你非得这样做不可。"

幸运之神开玩笑说:"如果我就不做呢?"

成功之神说:"如果你胆敢不按这个时间执行,就等于你自己把自己的社会角色给开除了。有谁愿意这样呢?"

时间之神说:"所以,我们都应该好好想一想,到底哪些时间是你的刚性时间,把它们找出来并明确了解它们,以防止生活中出现重大偏差或错误。这里也要说明两种预防的倾向:不要把属于刚性的时间给忽略了,也不要把不是真正刚性的时间当做了刚性的时间来对待。这两种倾向处理不好,都可能会造成不良的后果和极大的浪费。"

幸运之神显出很有经验的样子说:"判断哪些时间到底是不是刚性,除了自己好好想想之外,最好是多请教师长等一些比你有经验的人,给你良好的参考。"

成功之神笑着说:"可算是说了一句蛮有道理的话。"

⏱ 措施：三维法

时间之神接着说："我们在认识到刚性时间的重要性之后，也明确地知道了刚性时间的所在，然后的事情就是考虑怎样处理好它。"

成功之神说："这次我来试着说说看。我们一般的考虑就是要尽可能地保证这些刚性时间不受干扰，让它能够顺利实施，调动你的精力、能量以及高度注意力投入进去，保证它能够精确、成功地完成。这里我也提三条建议：

1. 用良好的习惯打好精确度的基础。（长）
2. 用广泛的信息支撑精确度的位置。（宽）
3. 用强化的力量提高精确度的准度。（高）

这就是刚性时间精确度的长、宽、高三维。"

幸运之神看着他说："那你也要解释解释吧？"

成功之神说："当然。关于第一点，人毕竟不能像机器那样，设定好了数值，它就不会走样。人的灵敏度很高，但准确度就比机器差一些。所以，我们不能指望一下子就把一件事做得那么准确到位，那又靠什么来保证时间刚性的准确呢？那就要靠严格的训练和自我的约束，来养成良好的习惯才行。有了良好的习惯，你不仅能在轻松状态下做好事情，也能在相当紧张的状态下做到不出错。好比火箭发射的时候,现场千头万绪,也许还会出现一些意外的情况,就算你的注意力偶尔被引到别的地方去了,手里正在做的事仍然不会走样,靠什么,就是靠长期的好习惯。"

幸运之神赞扬说:"说的好。那第二呢?"

成功之神接着说:"关于第二点,我们常说什么事情都是相对而言的,你做的这个事是否准确,你说了不算,还要有其他的相关因素来佐证才算。所以你不掌握更加广泛的信息,你就不能对这件事的准确性心中有数。仅仅只知道自己这么个小圈子里的情况,何谈准确?"

幸运之神很捧场:"再说第三。"

成功之神说得高兴,滔滔不绝:"至于第三点,有一句话可以做很好的说明,就是'平时多流汗,战时少流血'。最好是你平时的训练力度大过实战的战斗力度,才能在实战时准确无误,打仗时需要跑五公里,训练时就跑十公里。有很多同学都有这样的经验,平时模拟考试的卷子甚至比真正的高考卷还要难些。这就是增大力度,才能更好地提高精度。"

时间之神深表同意:"高见!"

效果:不该错过的都不错过

幸运之神舒一口气说:"很好,我正打算这么做。这样

我过日子就心里有底了。"

成功之神说:"还没有这么容易呢。其实我们都有这样的生活印象,最怕错过的就是时间,因为时间是那么的捉摸不定、稍纵即逝。尤其是刚性的时间,最是不容错过,由此造成的紧张情绪往往极难克服。"

时间之神补充说:"是啊,事到临头是会紧张的。一个人的能力有强弱、知识有多寡、经历有深浅,这些都是需要人们在不断长大成熟过程中来逐渐加厚加深的。但是不论处于什么样的人生阶段,我们还是可以尽早地、有意识地认识和使用类似对刚性时间的运用,来帮助我们做好本阶段的事情。"

幸运之神另有想法:"不一定吧。我们不是常说'失败是成功之母',错过了可以从头再来嘛。"

时间之神说:"有些事情错过了是可以重来,有些事情错过了就再也没有后悔药了。除了事情的性质不同之外,更基本的还是成本问题。也许在我们还年轻的时候,错过的成本还不算高,错过了还有从头再来的机会。可是随着年龄的增大,社会角色的提高,错过的成本就会变得越来越高,直至难以承受。"

幸运之神把头一缩说:"听你们这么一说,我还真的好紧张哦!"

时间之神笑笑说:"如果说不该错过的全都不错过,那是神仙。普通人总会犯错的,我们唯一可以做的就是:尽最大的努力少犯错。"

时间独白:

从刚性说到精确,从精确说到习惯、信息、力度,然后又说到人生的阶段成本,还有其他一些没有说到的,比如精确量和提前量的关系等等。世上的事情就是这么牵牵连连,错综复杂的。抓住要点,涉及其余,最终会提高我们的综合能力。

时间故事

时间测验

一天,时间管理专家为一群商学院的学生讲课。

他说:"我们来做个小测验。"他拿出一个一加仑的广口瓶放在他面前的桌上。随后,他取出一堆拳头大小的石块,仔细地一块一块放进玻璃瓶。直到石块高出瓶口,再也放不下了。

他问道:"瓶子满了吗?"

所有学生应道:"满了!"。

时间管理专家反问:"真的?"

他伸手从桌下拿出一桶砾石,倒了一些进去,并敲击玻璃瓶壁使砾石填满石块的间隙。

"现在瓶子满了吗?"他第二次问道。

但这一次学生有些明白了,"可能还没有",一位学生应道。

"很好!"专家说。

他伸手从桌下拿出一桶沙子,开始慢慢倒进玻璃瓶。沙子填满了石块和砾石的所有间隙。

他又一次问学生:"瓶子满了吗?""没满!"学生们大声说。

他再一次说:"很好!"然后他拿过一壶水倒进玻璃瓶直到水面与瓶口平。他抬头看着学生,问道:"这个例子说明什么?"

一个心急的学生举手发言:"无论你的时间表多么紧凑,如果你确实努力,你可以做更多的事情!"

"不!"时间管理专家说,"那不是它真正的意思,这个例子告诉我们——如果你不是先放大石块,那你就再也不能把它放进瓶子了。那么,什么是你生命中的大石块呢?与你爱的人共度时光,你的信仰、教育、梦想?切切记得先去处理这些大石块,否则,一辈子你都不能做!"

点评:无论什么时候,都要清醒地知道自己必须先做的事是什么,然后才轮到其他。

看图一乐

精准一击:投手与击球手的较量

第七章

时间柔性
——调节量

> 生活中的各项事务,可多可少、可松可紧的情况毕竟居多,关键要掌握好调节的尺度和主动性。

变色花

云南省傈僳族自治州,有一种四米高的木本花卉。花瓣有单、双两种。花蕊呈金黄色颗粒状。这种花在开花时会不断地长出新花蕾。更罕见的是,早晨花开时为淡红色,到了正午就变成了白色,下午3点钟左右呈粉红色,夜里9点为深红色,深夜12点左右又变成玫瑰色,次日下午4点就凋谢了,人们称这种花为"变色花"。

变色花说:我想要什么颜色就是什么颜色

巴西里约热内卢科帕卡巴纳海滩

问题：哪些时间是可调时间？

飞机到达里约热内卢时，天已经快黑下来了。时间之神从舷窗望下去，闪烁不停的灯光如萤火虫般布满整个城市。尤其是那一段段优美的海岸线，弧形的、蚌形的、扇形的，好像是经过特别加工，开口的部分整整齐齐迎着大西洋，真令人有巧夺天工之感。太阳的暑气已经褪去，在科帕卡巴纳凉爽的海滩上，三人坐在太阳伞下，一边品尝着冰凉的椰子汁，一边享受着轻柔的海风和海浪声。

幸运之神悠悠地说："啊，这才叫生活嘛！"

成功之神也很惬意："总算是暂时躲开了那些催人命的事情了。"

时间之神说:"是啊,你要是老绷着那么紧的弦,不要说你,我们看着都难受。其实我们生活中,真正放不下的事情并不是很多。相当一部分是我们自己把它们严重化了。"

幸运之神说:"你的意思是,我们生活中的可调节的时间比想象中还要多一些?"

时间之神说:"答案是肯定的。有很多我们原以为是不可调节的刚性时间,都还存在着很大的可调余地,也可能是我们的认识出现了偏差。"

幸运之神说:"你这岂不是难煞人了?哪有个准啊?"

成功之神倒是颇有同感:"是有点难,但实际情况的确如此。仔细想想,到底今天是不是一定要去陪某个人?到底这件事情是不是可以先放一放?到底是不是一定要在办公室待到天黑以后才回家?也许我们有很多时间并不如我们想象的那么必然,也许你可以打个电话约他改天见面,也许你可以把事情放下看看情况再说,也许你可以把一部分工作时间留出来多陪陪家人……"

幸运之神不耐烦地说:"哪有那么多也许,事情都摆在面前了,你不做行吗?说得倒轻松。"

时间之神拍着幸运之神的肩说:"别急嘛。实际上是生活的柔性才决定了时间的柔性。我们的生活应该是丰富多

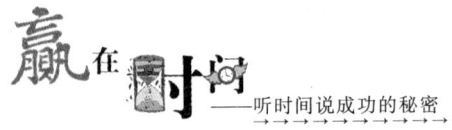

彩的,应该是有一定自由度的,起码我自己是这么认为的。单调、刻板不应该是生活的本色。就像一首乐曲,有主旋律、副旋律,有高低、有缓急才会悦耳动听。如果仅是一个音从头走到尾,只能成为噪声,会令人烦躁不安。"

成功之神自顾自地说:"重新审视一下自己的时间使用,仔细想想还有哪些地方是可能重新调配的,也许会有令人惊喜的新发现呢。"

措施:倒装法

幸运之神问:"这么难以捉摸的什么柔性时间,你们怎么去运用它呢?"

时间之神说:"运用时间的柔性调节,主要依赖于你对生活的理解。而且时间柔性的调节把握能力与你所处的社会地位和工作能力并没有直接的因果关系。也就是说,时间柔性在理论上对每一个人都是平等的。甚至于你的能力越强、责任越大,你的柔性时间反而越少,也就越是增加了考虑柔性调节的必要。"

成功之神也问:"那么我们应该怎么做呢?"

时间之神说:"说三个经验之谈:

1. 在最紧张的时候去做最放松的事。

2. 在最复杂的时候去做最简单的事。

3. 在最无奈的时候去做最不相关的事。

总的说也就是用相反方向的行动思路,来寻求对时间的调节效果。这几条都说得有点极端,但它们的确代表了时间调节的基本面貌。"

幸运之神思索着说:"我听说陈毅元帅在决战之前喜欢去下盘棋,福尔摩斯在茫无头绪的时候做做化学实验等等。这些是不是时间的柔性调节?"

时间之神说:"可以这么认为吧。所以说调节时间,其实是在调节精力、节奏和心理,最终都表现为时间而已。"

成功之神说:"我想,按照你天天挂在嘴边的主动性要求,不管调节时间的办法有多少,要紧的仍然是我们需要有主动去调节它的意识。什么都等着别人来给你安排好,不要说调节时间,恐怕连身在何处都要弄不清楚了。"

幸运之神狠狠地说:"谁要想安排或控制我,哼,没门儿!"

效果:灵活机动地调用时间

时间之神说:"我们讨论时间柔性的可调性,并不是为柔而柔、为变而变,而是为了掌握时间变化的机动性。除了有限的刚性时间之外,你想干这个也行,干那个也行。一般说来,一生之中机动时间越多越好,这才是我们想要的。"

成功之神感叹说:"有人说,时间是要拿钱买的,有时间的时候没有钱,有钱的时候又没有时间了。奈何!"

时间之神说:"这些类似的说法,实际都是在静态地看待时间问题,当然会觉得有些无奈。要想保持时间的机动性,首先你的想法必须有机动性。钱赚到什么时候是个够?也可能对有些人来说赚的过程本身就是最大的享受。"

幸运之神趁机落井下石说:"所以你呀,就是脑筋太死板,一根筋嘛。"

时间之神笑着说:"所以只要有一个相对灵活的生活态度,时间自然也就活起来了。你会发现生活的天地变得广阔了些、开朗了些,心情也会随之感到自由呼吸的快乐。"

成功之神作揖说:"受教。"

时间独白:

时间的调节这个话题其实很大,这里只能说到一些主要的。还有更多更细的东西难以尽述,要靠我们自己感悟。想起《人到中年》中的陆大夫,她留给自己和家人的时间太少太少,说到底,这还是她因为责任感而作出的一种自我选择。我们尊重这种选择,我们也应该尊重每一个人的善意选择!

时间故事

加班把生活搞成灰色

"生活对于我而言,除了工作还是工作。年复一年、日复一日的加班,使我对其他任何事情都失去了兴趣。我的生活没有色彩,只有办公室里忙碌、紧张的灰色气氛……"

这些话摘自长沙一个网友的日记。30岁的他有着令人羡慕的工作和收入,却从没有谈过恋爱,没有自己的朋友圈,除了睡觉,他的大部分时间都是在办公室度过的。时至今日,"加班"已成为人们立足职场的一个"潜规则"。

"我们公司上至总经理,下至普通员工,每天都非常忙碌,长时间的加班很正常,晚上八九点钟公司里还人影幢幢,没有节假日、休息日。其实公司并没有要求员工加班,但手里的活干不完,不得不加班。"

点评:钢板一块的日子谁愿意过?问题是这块钢板到底是谁加给你的?到底是老板还是你自己?

看图一乐

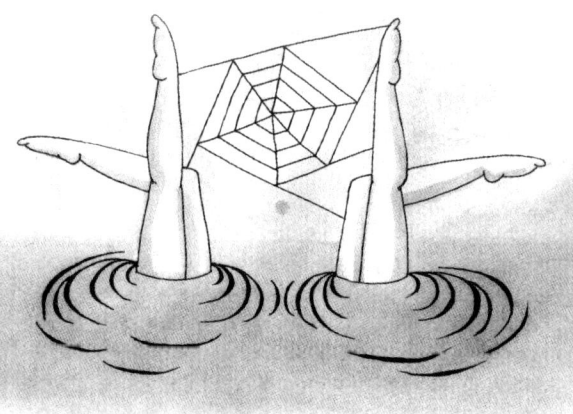

再美的姿势,如果老是不动,也会成为蜘蛛的家

第三部分
时间相对律

从巴西回来,三个好朋友就又都去各忙各的事了。

过了几天,成功之神总觉得上次大家谈的时间话题还有意犹未尽之感,所以又跑来找时间之神。

一进门,就看到幸运之神也在,正和时间之神悠悠闲闲地喝茶聊天。他大叫说:"好啊,我老人家忙得晕头转向,你们倒好,撇下我在这儿享福。"两人忙笑着招呼他坐下喝茶。

时间之神笑着说:"大忙人,来此有何贵干?"

成功之神一气饮光杯中茶,说:"你前面说的那些关于时间节点的分析,我觉得很有道理,在做事情的时候也很有帮助。不过似乎还没有完全说透,主要是还没有动起来,有使不上劲儿的感觉。"

幸运之神忙夸他:"锲而不舍,不耻下问,好同志!"

时间之神放下茶杯说:"你说得很对,对于时间的考察和

思考,还有很大有余地。从先、中、后、集、分和刚、柔几个角度说,基本上是一些偏于静态的认识。我们的确还需要再推它一把,在运动中把握时间的规律实质。"

成功之神说:"很好,我就是这个意思。"

时间之神接着说:"我一般性地把生活中的时间运动分成了先后律、快慢律、多少律、远近律、缓急律和主客律五个范畴,来看看这里面到底有什么秘密。"

幸运之神也提起兴趣了:"那你快说吧!"

时间之神笑着说:"现在不行,前几次咱们到处跑着玩,我倒跑上瘾了,还想有人请我们出去转转才会有灵感哦!"

成功之神做愤怒状,一咬牙说:"哈,吃大户吃上瘾了哦。好,我就再便宜你们一回!"

第一章

先后律
——领先就意味着被赶超

> 有先就有后,你所处的位置一定是在某个先之后和某个后之先。所以首先要意识到的是,先和后从来都不是固定的。

动物的长眠与短眠

在长眠者当中,最能睡觉的是蝙蝠,每天能睡 20 个小时,号称长眠冠军。其次是袋鼠,它每天睡 18—19 个小时,刺猬每天睡 17—18 个小时,老鼠平均每天睡 12 个小时。短眠动物中有马、牛、驴、象等。它们一般每天仅睡 3—4 个小时,其中大象睡得稍多些。有一种叫做"吉尔瓶鼻海豚"的水栖哺乳动物,生活在黑海,用脑电图检测这种海豚的睡眠,证明它是用左脑和右脑轮流睡眠的,每 30—60

海豚说：我永远不睡着，你总没我起得早吧

分钟交替一次，从来没有左右脑同睡或同醒的时候。

> 问题：怎样找到属于你的"先行一步"？

时间之神、成功之神和幸运之神一跨进西敏寺的小侧门，就感到门外泰晤士河畔喧嚣的繁华人世须臾间消失得无影无踪，幽暗肃穆得甚至有些诡异。拱门回廊、连绵不断的石椁铜棺和无处不在的先人灵碑石像，诉说着千百年来英国的帝王将相、圣哲贤达们的伟大和茫然。几步之间，仿佛穿越百年时空。

站在"英诗之父"乔叟墓前，成功之神无限感慨地说：

英国伦敦西敏寺

"英国,真是一个伟大的国家。引领工业革命和人类文明之风骚,功不可没!"

幸运之神有些黯然地说:"可是现在他们似乎都睡着了。"

成功之神说:"大到一个国家,小到每个个人,我们常常都会发现自己面临这样的困境:你正打算起步的时候,却发现你的前面已经有很多人了;你好不容易领先一点什么,可是很快就被别人超过了。总是跟在别人屁股后面,滋味不大好受;想要超过前面的人,却是困难重重。"

时间之神说:"人总不希望落后于人,但确实是很多时候又很无奈。仔细想想,先后问题其实可以分为两个问题来看,一个是定位问题,一个是赶超问题。"

幸运之神又被弄糊涂了,问:"先就是先,后就是后,还有什么定位问题、赶超问题?"

时间之神说:"是的,总要先搞清楚你的位置在哪里,才好知道要去追谁呀?"

成功之神推了一下幸运之神,说:"你别吵,听他说。"

时间之神说:"先说定位问题,就是不仅要看清楚你的前面是谁,也要看清楚你的后面是谁。只看前面不看后面,就容易产生过于急躁的情绪,严重的甚至会沮丧,信心受打击。只看后面不看前面,就更不好了,沾沾自喜,不思进取都是常见的毛病。所以要两边都看。"

成功之神默默点头。

时间之神接着说:"赶超问题当然就是考虑怎样超过你前面的人。你凭什么?在什么时候?以什么方式?比如可以凭实力去追,实力不足的话还可以凭创新。但要注意,我们所说的追赶都是指一种积极地赶超,而不是憋着劲儿把前面的人往下拽,那样就入了下流了。"

幸运之神赶紧表态:"这种没格调的事我们是不做的。"

时间之神说:"所以说要根据每个人不同的具体情况,

来判断自己的阶段定位,并选择适合自己的赶超办法。别人的赶超方式你可以学习,但一般来说,是不可能百分之百复制的,你总有属于你自己的独特的方式。打牢根基也好,另辟蹊径也好,找到属于你的那一种就好。"

措施:粘连法

成功之神说:"照你这么说的话,对于先与后的问题,解决的方法就太多了。就像市场竞争里面的,什么同质竞争、错位竞争、异轨竞争等等,多得很。"

时间之神说:"是啊,具体的办法是很多,不过我们这里重点要讲的是先与后关系中的最基本状态。在我看来,对待先后关系,首先涉及的一个词就是'粘连'。能够和周围的人,包括前后左右的人保持一种粘连关系,才能谈得上认识先后并改变先后。"

幸运之神问:"粘连?好像和解决先后问题关系不大哦。"

时间之神说:"关系大得很。我先说一说,有意见听完再提不迟。简单说,粘连就是三种:

1. 盯着前面。

2. 扭住中间。

3. 关照后面。

第一种好理解,盯着前面,不要被甩得太远,然后才能谈得上超不超的问题。或者别人已经做过的经验,拿来学习就是了。只要不采取鸵鸟政策,虚心学习先进,总不会被拉开太大的距离,那么赶超的机会就会越来越明显。第二种也好理解,大家如果都是处于大致同一个水平线上,就形成了直接的竞争关系。这时候千万不能松劲,那真是如逆水行舟,不进则退。谁要是停下来多喘了一口气,那先后关系就立刻改变了。"

成功之神也有些疑惑:"还要关照后面?如果帮了后面的人,他们不是很容易追上我?"

时间之神笑呵呵地说:"所以,这正是我专门要提出这一条的原因。的确有很多人会忽视这一条,以为帮了后面的人,自己会吃亏。错了。理由一,这样做可以使你自己更加认清形势。在你帮助别人的同时,你能获得大量的有效信息。而且只有在帮助别人的时候,别人才会跟你说心里话。理由二,帮别人的人,会得到更大的进步,甚至比被帮的人进步还要大。'教学相长'这个古老的道理千真万确。你帮了后面的人,后面的人只会把你更向前推,而不是相反。当然要注意避免一些特别的情形,比如不小心帮了很坏的坏人,那是要吃亏的,但不能因噎废食。理由三,为自

己今后留下更大的余地。长江后浪推前浪,是大自然的规律,再大的英雄也有被取代的一天。你帮了后面的,很可能就会在这个铁的规律面前赢得比较有利的地位。也许到了你力不从心的那一天,会有更多的人向你伸出援手。"

幸运之神啧啧有声:"真服了你们这些脑袋了,怎么能绕出这么大一个弯子来。不过蛮有道理的。"

成功之神说:"这已经不像是只讲时间了,也不像是只讲成功,而更像是讲哲学。"

时间之神开心地说:"什么不是哲学?什么都是哲学。不论你是搞管理也好、艺术也好、经营也好,总是要以哲学做底子的。"

幸运之神又头痛了:"要命。"

效果:始终保持超越的可能

成功之神说:"从你上面所说的来看,认识和把握先后问题,实际上是把握先和后的可能之机。落后并不可怕,始终保持着一种弹性的生命力才重要,不知什么时候就赶上去了。领先了被别人超过去也不可怕,你超过去了我还可以再超过去,才是真本事。"

幸运之神说:"你们都是常有理,那就是先也行后也行喽?"

时间之神说:"不是行不行的问题,是很多情况我们无法选择。人的出生、环境等等都大不相同。谁生下来就是神仙?人总要一步步走的。所以从这个意义上来说,不以先为喜,不以后为悲,就是很自然的了。我们一再强调要以动态的眼光看问题,在这里也能体现得很清楚。"

成功之神说:"我倒想起一个故事。有一次一家媒体采访围棋大师吴清源,我印象中大致是这样的:

记者问:您认为年轻后辈已经超过老一辈的棋手了吗?

大师有点听不清楚,说:什么超?

记者:年轻的超年老的。

大师又问:谁超谁?

记者有点窘:那个……

大师不再说话了。

可能有的人觉得大师是年纪大了,耳朵也许真的有点不好使了。我倒觉得是吴清源不习惯这样呆板的思维方式,怎么一上来就这样笼统地说谁超谁,怎么说得清。谁努力多、谁本事大谁就行。年纪问题是一个问题,但绝不是最重要的问题。"

幸运之神听得津津有味:"还是故事好听些。"

时间独白:

听了这个故事我好像还沉浸在吴清源的感觉世界里,我也是围棋爱好者。从他的身上,我们能感觉到:谁先走了一步,谁走到前面的地方了,这些都已经显得不那么重要了。一种坚韧的力量正在弥漫开来,把先和后的脸谱都逐渐变得模糊了。

时间故事

思科的超越模式

思科公司在传奇人物约翰·钱伯斯接手 CEO 时,即 1996 年,它还是一个单纯生产路由器的小厂,年销售额只有 1.2 亿美元。短短四年,年销售额直升百亿美元,成长为全球领先的互联网设备与解决方案供应商。

在互联网时代,最热闹也较容易进入的行业是做网站,但该行业竞争激烈,难以赚钱。而技术难度大却能够大获现利的,是互联网设备业务。高明的思科,在互联网启动早期,务实冷静地制定了短期进入互联网多项主要设备业务领域。放眼 21 世纪,思科又构思出更大的腾飞计划。钱伯斯认为,互联网的未来,将是把语言、数据、视频、传输网络合而为一的新纪元网络。这个网络的设备市场份额,将超过2500亿美元。

思科超速发展的主要策略,是收购、收购、再收购。在1996年至1998年三年中,思科收购了三十多家公司,平均一两个月就购进一家。思科通过购并,迅速跨入新事业和聚集人才。思科超速增长的业绩,使它轻而易举地从股票市场与银行获得资金。然后再以大资金投入收购,形成收购—成长—融资—收购—再成长—再融资的良性循环。

点评:敏锐的眼光盯住制高点,迅速的行动抢占有利位置,良性的机制保障扩大再循环。三剑合一,焉能不胜?

看图一乐

谁在超越的时候不是踩着别人的脑袋上去的?

第二章

快慢律
——不能超出想象的快永远不算快

> 同样一件事，用的时间少就是快，用的时间多就是慢。但快和慢本身都不是目的，都是手段而已。

长距离飞行最快的鸟

雨燕在我国有3种，即北京雨燕、白腰雨燕和小白腰雨燕。它们都是夏候鸟，也就是说，夏天来北方繁殖，秋后飞往长江以南、印度和非洲东部去越冬。有人测过，雨燕在迁徙飞行中的速度为每小时110—190公里，是长距离飞行最快的鸟类。

令人更加叹为观止的是，这种鸟类能一刻不停地在空中飞行长达三年。它的进食、睡觉和交配都是在飞行中完成

雨燕说：我能一直在天上不下来,才是我最厉害的地方

的,只有在产蛋、让翅膀稍作休息或感到无聊时才会着陆。

🕐 问题:怎样把握恰到好处的速度?

一片白茫茫的天地之间,文森峰(Vinson Massif)在无垠的南极大陆上拔地而起,黑色火成岩怪石嶙峋,奇峰突兀,气度非凡。时间之神、成功之神和幸运之神手拉着手,在零下40度的酷寒和45米/秒的大风之中,几乎连站都站不住了。只听"喀嚓"一声,一张他们日后认为最满意的合影就搞成了。

幸运之神指着这茫茫冰原说:"这鬼地方,可别让我再来一次了。"

成功之神说:"你不来,可有人想来呢。南极洲矿藏丰

南极文森峰

富,淡水充足,好多人早就垂涎欲滴了。"

幸运之神说:"我认为人们对南极的开发还真的不能太快了,不然要出大问题的。我很担心随着科技手段的提高,这片南极净土还能不能保持住。"

时间之神说:"你说得对。我们都知道,有些事情太快了不行,有些事情太慢了不行,要视实际情形而定。毛主席有一句经典的话:'抗日战争急不得,解放战争拖不得。'所以,快和慢无所谓好坏之分,怎样把握恰到好处的速度才是我们要认真对待的问题。"

幸运之神挠头说:"怎么要把一个看起来简单的问题

搞清楚,被你们一说总是会显得这么麻烦呢?"

成功之神倒很理解:"这不是谁要把什么东西搞得很麻烦,而是事实就是如此。"

时间之神说:"是的,我们的一切思维都是根据事实来进行的。但我们的思维也可以发挥特有的长处,来帮助搞清楚事实。按照一般的思维规律,要想把握好快慢的分寸感,也必须对两个极端的情形有所认识。一头是极快,一头是极慢,极快会怎样?极慢会怎样?需要分析分析。"

成功之神说:"这个问题我和一些朋友在一起聊天时也谈起过。我来说说看。关于极快,我们认为,不能超出想象的快永远不算快。你知道有多么快,别人也知道有这么快,那这个快就没有用。要有打破上限的气概和勇气,快就要快得对手措手不及。像上面提到的解放战争,实力相差那么大,开打之前谁知道要打多久?结果才打了一年多,毛主席就决定挺进中原,战略反攻。这种令人目眩的速度才会有奇效。"

幸运之神觉得他讲得很意思,问:"那极慢呢?"

成功之神接着说:"关于极慢,也是同样的意思,就是要有打破下限的气概和勇气。别人都在快跑的时候,也许你突然地放慢速度,同样会使对手措手不及。好比打拳,出

拳快当然好,偏偏太极拳能以慢打快,其实就是打乱了对手节奏,由自己来掌握主动。"

时间之神说:"太棒了,你总有惊人之语。所以这个极快和极慢的分析,其实就是告诉了我们对于快慢的相对感觉。面对不同的情况和事情,我们可以选择不同的速度进行,但这种打破界限的自主性,不是人人都能做到的。"

措施:转换法

成功之神说:"我们还谈到了关于快慢的其他一些问题。比如快的好处是先期成本低,能抢占先机,坏处是转向能力差,可能会忽略一些东西。慢的好处是底子打得厚,后续力量强,坏处是资源消耗大,信心建立不容易等等,还可以一直这样举下去。我们疑惑的是,快和慢的转换方法到底要依据一个什么样的原则呢?要怎样才能掌握好火候呢?"

时间之神说:"是的,快和慢问题的核心就是转换问题。转换的具体方法不是我们要讨论的重点,我们要讲的是转换的能力基础。有了这些能力基础,你再根据情况,想怎么转都行。这和开车的道理十分相像,主要包括以下三种:

1. 提速能力。

2. 转向能力。

3. 刹车能力。

在不需要的时候蓄势待发,在需要的时候一飞冲天,强大的提速能力是掌握自由速度的第一把钥匙。速度要服从方向,快得转不了或慢得转不动,都可能造成灾难性的后果。灵活的转向能力是掌握自由速度的第二把钥匙。有无数种情况需要我们脚底下'踩一脚',没有刹车,谁敢上路?良好的刹车性能是掌握自由速度的第三把钥匙。

在转换如意之中,我们才能体会到快慢的乐趣,既不会快得让你发晕,也不会慢得让你发躁。"

幸运之神拍手说:"这说得多清楚,建议你以后都这样说,免得我听得累。"

效果:快慢自如

时间之神说:"说来说去,上面这些办法都指向同一个信息:不能失控!快也好慢也好,如果失控,就是不好的,只要不失控,总会有办法。想快的时候快不起来,想慢又慢不下来,这样的话,无论快慢都只能变成你的负担。"

成功之神说:"我发现我们每说一个问题,最后总要归到主动控制上。"

时间之神说:"当然,再好的条件、再充裕的时间,如果

总是控制不住,一放就乱、一收就死,那还玩什么?"

幸运之神说:"你们说这个让我想起我认识的两个人。是两个电视台的台长,他们的做法就截然相反。

一个就想快点把节目搞上去,今天一个想法,明天一个想法,又招兵买马,在很短的时间新招了很多主持人和记者,催得手下人鸡犬不宁。结果节目倒是弄出来了,可是主持人和记者的数量和质量都跟不上,管理也非常混乱,节目质量就可想而知了。没过多久,只好再次收缩,大家也都弄得筋疲力尽了。

另一个呢,什么都不敢做,整天把钱柜子锁得紧紧的。办这个事?没钱。办那个事,也没钱。钱在他手里,反正就是只进不出,节目嘛,保持平安无事即可。这倒好,死水一潭,人人游手好闲,很多广告客户都被其他媒体抢走了,他还不着急。一年下来,上级领导只好将他撤换。"

成功之神笑着说:"你的故事也蛮好嘛。"

时间之神说:"这两个人的事情虽然有点极端,但类似这样的人还是不少的。想快或是想慢,都要具备条件才行,不顾状况,一厢情愿,终至失控。这是我们都不愿意看到的。"

时间独白：

在整体的视野之下来审视速度，慢和快也会互相转换。用智慧和力量把握快慢转换之机，在时间的舞台上自由飞翔。不用羡慕别人的快，也不要轻视别人的慢，我的速度，我做主！

时间故事

如何让石头在水上漂起来

在一次互动培训课程中，面对70多位中高层经理，张瑞敏提出了一个很像"脑筋急转弯"的问题："你们说，如何让石头在水上漂起来？"

"把石头掏空！"有人喊。

张瑞敏摇头。

"把石头放在木板上！"

张瑞敏说："没有木板！"

"做一块假石头！"大家哄堂大笑。

张瑞敏说："石头是真的。"

此时，有一人顿悟："是速度！"

张瑞敏说："正确！《孙子兵法》上有这样一句话：'激水之疾，至于漂石者，势也。'速度能使沉甸甸的石头漂起来。

同样,在信息化时代,速度决定着企业的成败。海尔流程再造就要以更快的响应市场速度来满足全球用户的需求。"

　　点评:速度快当然好,能把石头漂起来。但是扔出去的石头还管不管呢?怎么管呢?这个问题也是个问题哦。

看图一乐

不知道是怎么个快法,只知道是早已到了前面

第三章

多少律
——更多的时间总在为更少的时间做准备

> 时间多的时候,未必有事做,时间少的时候,未必做得及。我们的生活常常是在用更多的时间为某些更少的时间做准备。

四季常新的燕尾服

在自然界中,许多鸟兽要按时令更换毛羽。有些动物在换毛这段时间里,身上的毛羽东掉一块、西脱一片,皮肤显得十分难看。而企鹅一年四季却总是衣冠楚楚,穿着整齐漂亮的燕尾服,难道它们不换羽吗?

生活在冰天雪地里的企鹅,换羽既不能成片地脱落,更不可全身裸露脱光,因为这样是会被冻死的。企鹅换羽时,新的羽毛逐渐生长,旧的羽毛不马上脱落,每根新生羽

企鹅先生说：漂亮的新衣服不是天上掉下来的

毛就直接长在旧羽毛的下面。等到新生羽长成后，旧羽毛才全部被推出去。这样，企鹅一年四季就总是衣着常新、风度翩翩的了。

问题：怎样使多的时间不浪费？

莫斯科郊外的亚斯纳亚·波良纳庄园，是列夫·托尔斯泰母亲当年嫁妆中最大的一份。在这托翁生活了六十年的地方，时间之神、成功之神和幸运之神徜徉在绿意无边的苹果林里，回味着《战争与和平》《安娜·卡列尼娜》和《复活》这些伟大不朽的著作，一种大道悠远、安详静谧的心境油然而生。

俄罗斯莫斯科亚斯纳亚·波良纳庄园

幸运之神捡起地上一片金黄的树叶,说:"我也希望成为像托翁这样的寿者,可就是不知道能不能做出像他那样的成就。"

成功之神笑着说:"你?别想了。你能把他的著作都看完就算不错了。"

时间之神说:"一般人当然不好直接和托翁比,但我们可以拿他做榜样,多想想自己的生活。在我们的生活中,时间有些时候会显得富富有余,比如漫长的农闲、漫长的暑假或其他漫长的等待等等。由此发生的世间百态也很有意思。优哉游哉者有之、不知所措者有之、无聊生事者有之,

不一而足。"

时间之神说:"所以,这个时间多的问题也就成其为一个问题了。"

幸运之神问:"那怎么办呢?我就总感觉时间多得用不完,有很多时候好无聊哦。"

时间之神说:"多总是和少相对的。我们的思路是:在你时间多的时候,多想想可能会出现的时间少的状况,就能想出办法了。"

幸运之神又问:"什么时间少的时候?"

时间之神说:"最容易理解的就像一个运动员,上场比赛可能只有几秒钟,训练的时间却可能有几十年。演员也是'台上一分钟,台下十年功'。"

成功之神说:"是的,我们不能只看宝塔尖上的那一点点,更多的时间是宝塔下面的底座和基层。"

时间之神说:"我们应该在时间有多的时候,想想如果哪一天忽然你的时间不够用了,是不是可以趁现在时间多的时候再多做些准备呢?'平时多流汗,战时少流血。'有时间的时候不准备好,事到临头就会反应不及,只能抓瞎。"

幸运之神得意地说:"人们在抓瞎的时候,想得最多的还是我!"

成功之神把他揪过来说:"那还真是,就看谁的运气好了!"

⏱ 措施:细化法

成功之神说:"听你的意思,是把思考的重点放在了时间多的这一边?"

时间之神说:"是的,因为基本上可以认为,用好多的时间是用好少的时间的前提。所谓功到自然成,如果急功近利地只想要那'几分钟'而不去多想想'十年功',那就是舍本逐末了。"

幸运之神说:"我就只想要那'几分钟',不想要那'十年功'。"

成功之神推他:"你先找个地方凉快一会儿去吧。"又转头问:"依你之见,时间多的话,怎么办呢?"

时间之神说:"很多的时间好比是一大块蛋糕,似乎无从下嘴,唯一的办法就是把它一小块一小块切开来吃。具体的方法可以参照如下:

1. 把事件一步步缩小。

2. 把资源一点点积累。

3. 把信心一天天建立。"

成功之神说:"还是请解释一下。"

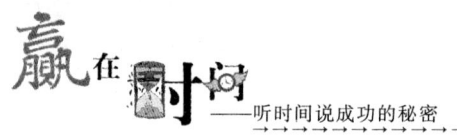
——听时间说成功的秘密

时间之神说："把事件一步步缩小，使之更加细化具体，有助于我们更顺利地用好时间。一个大家都知道的马拉松选手的故事很能说明这个问题。他说他在比赛的时候，没有去想那个最后的终点，而是先想前面不远是一棵大树，过了大树不远是一家银行，再过去是个球场等等，就这样一步一步、一个一个小任务地去完成它，跑起来也不累，成绩还不错。"

幸运之神来精神了："有故事听。"

时间之神接着说："把资源一点点积累，积少成多。俗话说'积土成山，风雨兴焉'。你不在有时间的时候多做积累的事情，到用的时候当然就不能成事。积累知识、积累信息、积累物资、积累人才，有太多要积累的东西了。老天爷给了我们时间，就是让我们去做这些事的，你不做，事到临头还怨老天爷不帮忙，那怪谁？"

幸运之神又打岔说："请少用古文，俺怕听不懂。"

时间之神说："把信心一天天建立，信心会在关键的时刻闪光，这谁都明白。可是信心从哪里来？它也不是从天上掉下来的。一边做着目标和资源的事情，使事情逐渐向着有控制感的方面发展，充满信心地去迎接即将到来的重要一刻。何愁大事不成？"

幸运之神嘀咕说:"我可不想这么累。"

效果:关键时刻顶得住

成功之神听得很入神,说:"的确像是更多的时间总是在为更少的时间服务。这个更少的时间,往往就是关键的时刻。谁不希望在关键时刻大显身手、大放光彩?可这实在是不那么容易的事。"

时间之神说:"所以我们才在前面不厌其烦地讲了这么多积累、细化之类的话。就是希望我们都能在最需要的时候,出手就有,一击中的。"

成功之神说:"磨刀不误砍柴工,这一类的故事真是太多太多了,多到人们都不愿意再听了。关于关键时刻的感觉我还是有一点体会的。关键时刻就要当自己是上帝。我就是主宰,我就是行!要有这股子劲头,才能掌控局面,才能拿下成功。记得刘翔在拿了奥运冠军后回顾说,当时就觉得身体充满了能量。这就是一种无所不能的感觉,真行!这样说可能有点点过分,但道理是不错的。"

幸运之神也插上了话:"还有'将在外,君命有所不受'这样的话,临战之机,确实是不能前瞻后顾,肯定要坏事。"

时间之神说:"不管是刘翔还是什么将军,想做大事的人肯定在重要时刻都有自己独特的感受。光辉的一刻实在

很爽,不过我还是更注重那些更多的、不为人所知的艰苦积累。"

时间独白:

我们用时间的多和少来对应"平时"和"关键",就算是一家之言吧。人总是最后一个饼才吃饱的,但千万别忘了前面吃过的饼。对于时间多和少的问题,我仍然要强调积极主动的问题,有了大把的时间,更要主动去找事做。

时间故事

成功需要多少时间

他自小喜欢画画,当教师后,这个兴趣一直伴随着他的业余时间。有一年他辞职了,凭着工作数年的积蓄,他背着画夹走南闯北,过着一种近似流浪的生活。

3年后,他结束流浪,专心致力于绘画。这期间他很贫困,一边卖画,一边靠朋友们的接济生活。和许多文艺界人士不同的是,他基本上不参加社会活动。这么着又过了3年,他终于引起同行们的注意。他的画作以清新、流畅、富有叛逆精神而渐渐闻名。

这位朋友给我计算他取得成功实际花费的时间:

小时候大约从初中开始,喜欢画画,一直到高中一年级,用于绘画或阅读有关书籍的时间平均每天大约1小时,这4年用于绘画的实际时间大约是1460小时,约合61天。

读高二、高三时,因为考大学,一度与绘画绝缘。上大学后,渐渐恢复以前的爱好,4年中用于绘画或阅读有关书籍的时间平均每天约1小时,与上同,约合61天。

大学毕业后,为找工作、换工作,用了约一年时间,直到成为教师,才又拿起画笔。在校园的3年里,用于绘画或阅读有关书籍的时间平均每天约3小时,约合137天。

辞职后,流浪3年,用于绘画或阅读有关书籍的时间平均每天约8小时,正好365天。

闭门创作3年,用于绘画或阅读有关书籍的时间平均每天约10小时,约合456天。

以上相加,61+61+137+365+456=1080天,约等于3年。

朋友说,从他小时候对绘画产生爱好时起,到他获得第一个大奖,正式成为"绘画工作者"止,实际花费于此项工作的时间只有3年。

点评:那个看起来"多"的时间实际上比想象的还要少

得多。不过,他忘了把他这么多年的人生阅历对他绘画的影响算进去了。

看图一乐

带着昨天、前天、大前天以及……的阳光走向明天

第四章

远近律
——看最远的山、走最近的路

> 极远的时间和极近的时间的确有着非常密切的联系，它们是互相影响着的。埋头拉车和抬头看路，二者不可偏废。

永葆活力的动物

动物学家试验观察表明，大海龟、鲨鱼和一些鱼类在它们的整个生命过程中都不见衰老。例如：一只55岁的重量达22.5公斤的螯虾同一只"年轻"螯虾有着同样好的胃口，并有极好的反应能力。虽然至今尚未发现世界上有长生不死的生物，但上述动物和其他生物的区别在于，它的一生从内部器官到外部形态都没有衰老表现。

螯虾说:我不在乎活到100岁,反正我胃口好

问题:怎样使现在更加有利于今后?

在哥本哈根市中心的长堤公园,时间之神、成功之神和幸运之神三个人坐在躺椅上晒太阳,不远处就是举世闻名的安徒生的美人鱼铜像。她安坐在一块巨大的花岗石上,看起来恬静娴雅,悠思遥远。

幸运之神翻个身,问:"这么漂亮的美人鱼,我怎么老是觉得她神情忧郁、有很深的痛苦的样子呢?"

成功之神锁紧眉头说:"不是痛苦,是深沉的情感。因为她有梦想,又为梦想付出了生命。"

幸运之神仍然揪住不放,说:"有梦想的人都要这么痛苦的吗?"

时间之神说:"那倒不是,有梦想的人也可以很快乐。认真对待当前的事情,又把将来的事情尽可能安排妥,梦想和现实也可以兼得呀!"

成功之神比较务实,说:"人总是生活在现实中的,毕竟应该把最近的时间作为我们思考的出发点。怎样使现在的行动更加有利于今后,是摆在我们每个人面前不可回避的问题。"

时间之神说:"如果你的行为对今后的将来可能会有所损害,那么基本上可以认为它是不正确的。只有既有利于现在,又有利于将来的事情,才算是正确的。"

幸运之神说:"你们净想好事儿,又要现在好,又要将

丹麦哥本哈根美人鱼像

来好,好事儿都让你们占了?"

成功之神对他的抬杠已经习以为常了,说:"我们当然要这么想。为现在好还是为将来好,当然也有个度的问题。"

时间之神说:"不光有度的问题,还有原则性的问题。《论语》中有两句经典的话可以作为旁证,'君子以财发身,小人以身发财'。大意就是,君子用钱财来使自己的道德更加完善,而小人却用自己的身体做赌注来赚取钱财。二者的目的不同,境界更是相差极远。有钱就捞,也不管来路正不正,就是近视行为;注重道德,完善人生,就是放眼长远的正确态度。"

幸运之神抗议:"又搞古文。"

时间之神笑着说:"我不是详细解释了嘛。"

成功之神也笑着说:"听多了就好了。还有'不谋千古者,不足谋一时'。这一类的格言都提醒我们要有整体眼光,要有长远眼光,才能把眼前的事真正做好。"

幸运之神苦着脸说:"好吧,败给你们了。"

时间之神说:"所以从整体上看来,远比近要更加重要一些。有很多时候我们甚至需要放弃一些眼前的东西,来保护某种长远的路线。比如有的人为了学业放弃稳定的工作,有的人为了一个梦想放弃平静的生活等等。"

幸运之神说:"总有个适可而止吧?我就很满意现存状况,我不想让不可捉摸的将来干扰我现在舒服的生活。"

成功之神反问:"你是舒服了,可不是人人都像你这么舒服的吧?"

措施:筑路法

时间之神说:"我们认为'近'应该服从'远'这样一个大的方向,但还是要回到'近'来说事儿的。行动永远都是现在进行时。"

成功之神问:"那么从近和远的关系考虑,我们应该怎么做呢?"

时间之神说:"还是建议三条:

1.做一个长远规划。

长远规划当然就是设定一个目标。目标有很多种别名,可以称之为梦想、理想、使命、目的等等,各有一些细微的差别。不管是哪一种,我们都应该根据它来做一个可行性计划,让这个计划能够覆盖相当长的一段时间。这样做就能使我们现在所做的每一件事情都具有扎实的含义。

2.建一个核心能力。

所谓核心能力就是你最擅长、最有把握的某种能力,能使你在变化多端的现实情况中站稳脚跟的能力。或者你是商业高手,或者你是文字高手,或者你是管理高手,都行。人立于世,脚踩地(现实),头顶天(梦想),而核心能力就是你能否站得稳的关键,缺了它,地也踩不住,天也顶不住,就都谈不上了。这个核心建立得越早,随之而来的时间价值就会越高。

3.开一条实用途径。

实用途径是指从现实通向理想的路径,这个路径应该是正路、大路。也许这条路在目前还不是那么明显,那就去开出一条来。我们目前所做的任何事,其实都是在开路。多学一些东西、多做一些实事、多认识一些高人,你的路就会越走越宽。"

成功之神说:"我明白了,长远规划像是这条路的规划图,核心能力像是一台大功率的挖路机,实用路径当然就是脚下的每一步喽。"

时间之神说:"在近和远之间,要考虑的问题和要做的事情有很多很多,以这三条为主要。"

幸运之神说:"嗯,脚踏实地的筑路工人,我也喜欢。"

效果:不断接近成功

成功之神说:"我感到你所说的并没有特别指向成功

的那个终点,更重视不断接近成功的过程。"

时间之神说:"是的,因为成功的定义本来就很难确定。人总是在不断追求着新的目标,生命的意义其实是在不断追求的过程中。好比你问一个画家:'你最满意的画是哪一幅?'他总是会回答:'下一幅。'"

成功之神说:"不过我们的生活也需要有不断成功的信号来做肯定,做成了一件事,又做成了一件事,这样活得才更有味道。"

幸运之神反问:"那要是没做成呢?一次失败了,又一次失败了,这也是我们常见的情况,不是很郁闷?"

时间之神说:"要处理好这样成或败的情况,恰恰归'远'管。有了这个'远',我们才有理由坦然面对成败。成不骄,败不馁,可不是天上掉下来的,是需要支撑的。正如我们常说的,给我一个理由。"

成功之神说:"一个理由不够,那就两个、三个理由,为了远,也为了近。远的考虑使我们对现实有了位置感,近的现实使我们对远的思路有了确定感。成功,也许只是一个代名词,我们要的是活得充实。相信这是绝大多数人的愿望。"

时间独白：

脚下的路是要一步一步走的，还要走得很实在才行，但如果总不知道要往哪走，就会越走心里越发虚。对远和近的把握，也很能体现一个人的境界。一个只顾眼前着急忙慌的人，和一个目光远大从容自若的人，哪一个看着舒服些？

时间故事

25岁时我拒绝了15万年薪的工作

我今年25岁,硕士毕业后上海某设计研究院找到我,聘我为该企业的总规划师,待遇是底薪15万人民币。但条件是我要与其签订为期10年的合同,还必须读博士。

思索了几天,我决定拒绝这个工作,因为这个工作不符合我自己的人生计划。首先，我不能接受10年的签约,我自己将来想单干,如果答应这个条件,实现我的计划就要等到45甚至50岁。我认为这样等于浪费自己的生命。第二,我在这家企业很难学到高于自己的东西,一进入就是很高的起点(总规划师),在这样的环境下,往往是传授的远大于学到的。我非常相信"人外有人、山外有山"这句话,不想一下子就安顿了自己,使自己失去战斗力。而在更好的外企不但能发挥自己的能力,还能学到更先进的管理方式和技术。

所以,我选择了另外一家外企单位,我不后悔我的选择。

点评:这既是高瞻远瞩的态度,又是脚踏实地的做法,二者并不矛盾。

看图一乐

本指望坐升降机上九楼,却发现给你的只有楼梯的台阶

第五章

缓急律
——急而不乱,缓而不散

> 缓也好,急也罢,重要的是不能失去节奏。缓而不散,急而不乱,简洁明快,才是高手风范。

树懒最懒

树懒生活在南美洲茂密的热带森林中,一生不见阳光,从不下树,以树叶、嫩芽和果实为食,吃饱了就倒吊在树枝上睡懒觉。树懒是一种懒得出奇的哺乳动物,什么事都懒得做,甚至懒得去吃,懒得去玩,能耐饥一个月以上,非得活动不可时,动作也是懒洋洋的极其迟缓。就连被人追赶、捕捉时,也好像若无其事似的,慢吞吞地爬行。像这样面临危险的时刻,其逃跑的速度还超不过0.2米/秒。

树懒说:真搞不懂你们都有什么好着急的

问题:怎样做好时间紧急的事?

斜阳夕照,时间之神、成功之神和幸运之神眼中的泰姬陵,从灰黄、金黄,逐渐变成粉红、暗红、淡青色,随着月亮的冉冉升起,最终回归银白色。在月光的轻拂下,泰姬陵清雅出尘,正如俏立于亚穆纳河畔那个洁白晶莹、玲珑剔透的身影,秀眉微蹙,若有所思。

时间之神轻声说:"你们知道吗?传说中,听到泰吉·玛哈尔死去的消息,沙杰罕这个莫卧儿王朝的第五代君主竟然一夜白头。而在泰姬陵完工不久,他的儿子就弑兄篡位,

印度泰姬陵

沙杰罕也被囚禁在阿格拉堡。此后整整八年,他只能透过一块水晶石的折射,凝望数公里外爱人的陵墓。所以泰戈尔称泰姬陵是'永恒面颊上的一滴眼泪'。"

幸运之神欷歔不已:"换作是我,也会因为伤心而不能自拔,就算丢掉了王位也是没有办法的。"

成功之神说:"我倒觉得他弄错了重点,危机四伏之中而不自觉,不足为训。"

时间之神说:"是啊,什么事急,什么事不急,身在其中是很难搞清楚的。就拿我们普通人的生活来说,时间不急的事比较容易处理,时间紧迫的事要难做得多。所以我们考虑的重点就放在怎样做好时间紧急的事情上。"

成功之神说:"在我们的实际经验中,虽然最急的事情并不一定是最重要的事情,但是必须先做,因为时间是不会回头的。就只有老老实实把其他的事情都先放下,集中精力把这件最急的事做完再说。"

时间之神说:"是的,既然时间是单线进行的,由此我们可以认为在某一时刻最急的事永远只有一件。反正在这个时间里你只能做一件事,那还不如认认真真地做好它。如果还在三心二意,那就会这个也没做好,那个也没做好,就是乱了节奏。"

成功之神说:"这种类似的情况也会经常出现在实际生活中。比如现在有个重要的客户来拜访你,你不得不接待他,可是你手里还有一个很要紧的文件没有处理完。如果你心里老是惦记着那个文件,和这个客户谈话时心不在焉,就很可能造成文件也没弄好,客户也生气了,一头也没得着。还不如先放下文件,专心和客户谈话,爽爽快快地谈完,再去好好地处理文件。"

幸运之神不以为然:"我一边做文件,一边和他谈话,两边都搞好了,不更省时间?"

成功之神笑着说:"呵呵,就算你有这个本事,人家那个客户也会心里不舒服的吧?"

时间之神也表示同意:"对一般人而言,你恨不得一下子把所有着急的事都处理好,是很困难的。所以我们只认准,这一刻要做的事,就是最急的,是要集中精力去应对的。"

措施:超压法

幸运之神说:"你们是说,要做好时间紧急的事情,首先强调的就是专心二字喽。"

时间之神说:"正确。不仅做时间紧急的事情要专心,做不紧急的事情同样要专心才行。当然,专心是一个通则,在运用时间的具体做法上,我们还需要进一步研究。"

成功之神说:"紧急的事情最让人着急,你就说说怎么对付急事的办法吧。"

时间之神说:"可以。我首先想到的是:

第一,越是急的事,越要专攻关键点。"

成功之神问:"此话怎讲?"

时间之神说:"就像解放军在辽沈战役中打锦州时,阻击战打得十万火急,阵地几乎被突破,但是关键点仍然是要把锦州打下来。无论如何都要把主要的部队力量放在攻城这边。如果搞错了关键点,全局就乱了。其他的事情也是这样。"

幸运之神问:"不过要弄清楚哪里是真正的关键要害,也是一件颇不容易的事。那第二呢?"

时间之神说:"第二,越是急的事,越要留出时间余地。

比如老板交代下来,你一定要在明天中午之前把事做完。任务的时间界限是明天中午,但你自己设定的界限不能是明天中午,而应该是明天上午十点前。这样做,才能应付更加困难或意外的情况。而更加困难或意外的情况是会经常出现的。"

成功之神说:"呵呵,忙都忙不过来了,你还要人家再留出时间余地,是不是要求太高了?不过应该很实用。还有吗?"

时间之神说:"最后一点,越是急的事,越要激发自身潜能。

面对急事的时候,最值得注意的,还是你的智力潜能。人们常说'急中生智',如果还在发晕,头脑中一片空白,那还有什么智可生?所以激发自身潜能,包括了诸如冷静而不呆板、兴奋而不狂乱等各种基本的素质。而这些,都是要靠平时养成的。'书到用时方恨少',可以扩展为'素质到用时方恨弱'。"

成功之神说:"你这几条,听起来都是在某种急的水平线上,再加一把火。这样会不会搞得人更加着急?"

时间之神笑呵呵地说:"这也是以毒攻毒吧。世界上的事往往是这样的,它狠,你要比它更狠才能搞得定。"

效果:指挥若定

幸运之神说:"你好像经常喜欢用打仗的例子?"

时间之神说:"战争是各种因素和道理的一个最集中的体现。我们每个人就是自己人生的指挥官,也是每一件事情的指挥官。不管是谁交给你的事或是你自己的事,最终都要由你亲手来完成,这是无可改变的事实。"

成功之神说:"所以在缓和急的问题上,我们最好像一个优秀的指挥官一样,能做到节奏分明,指挥若定。"

时间之神说:"要想达到这样的效果,还有其他很多因素起作用,比如你的知识、能力、眼界、经历等等。所以这是一个相当不简单的问题。但是时间运用是一个很好的突破口,以对时间的感觉为基础,带动我们综合素质的运用,指挥好我们的人生,指挥好每一个战役。"

成功之神说:"借用你的超压理论,我认为从时间的意义上来说,我们把每一件必须要做的事都当是急事来做,就算是平时不急的事,我们也用紧急一点的办法来处理。

这样应该会对我们增加时间的控制感有帮助。"

幸运之神又不乐意了:"你们老是把自己搞得这么紧张干什么?有福不会享,哼!"

成功之神看着他说:"你爱享福你去享好了,我又没逼你。"

时间独白:

从总体上来看,人生的过程就是一首乐曲,由各种缓或急的不同的章节缀连而成。节奏是这个乐曲的灵魂,重音如骨架,柔歌如血肉,急如奔马,缓如溪流,轻重缓急各得其位,这曲子就好听了。

时间故事

抗战中的"诺亚方舟"

1938年,上海、南京、武汉相继沦陷,国民政府决定迁都重庆。由此,中国大地上开始了史诗般波澜壮阔的大内迁。这段悲壮的历史背后篆刻下一个名字——卢作孚。

他指挥完成的宜昌大撤退是事关国家命运的一次撤退,短短40天,把三万以上待运的人员、九万吨以上待运的器材成功撤退到大后方。他用个人和民生公司的牺牲换

来国家命脉的留存。抗战中,民生公司有16艘船舶被炸沉,69艘船舶被炸伤,117名员工牺牲,76名员工伤残,运力比战前减少一半。这次大撤退后来被我国著名的平民教育家晏阳初称为"中国实业上的敦刻尔克",是由中国的一家民营的企业牵头并为主要力量创造的世界战争史上的奇迹。

入侵的日寇在中国长驱直入,此时,有人为民生公司的前途担忧,认为战争开始了,民生公司的生命就结束了。但是,卢作孚先生却说:"国家对外战争开始了,民生公司的任务也就开始了。"卢作孚申告全体员工:"民生公司应该首先动员起来参加战争!"一向不肯做官的卢作孚先生临危受命,出任国民政府交通部次长,负责整个战时运输任务。

1938年10月,武汉沦陷,宜昌危在旦夕。这时的宜昌像一个大仓库,三万以上待运的人员、九万吨以上待运的器材拥塞于此,加上动态的情况,数字还远不止于此。而以当时民生公司的运力,要将他们运往重庆,至少需要一年。

更为紧急的情况还在于,川江已接近枯水期,中水位的航运时间只有40天,卢作孚临危不乱,再次以他的智慧和勇气扛起了这一历史重担。

当时,几乎所有人都想象不出如何能在如此严峻的形势下 40 天内完成撤退。卢作孚迅速根据民生公司在枯水期创造的"三段航行法",采取分段运输,最大限度地加速物资和人员的撤退。此外,他还对船只航行的时间和物资装卸的办法,作了具体安排。

秩序便迅速代替了混乱,24 只轮船开始不停地往返于宜昌与长江上游各个港口之间。原来从宜昌到重庆,上水航行至少需要四天、下水航行至少需要两天,费时太长。现在按照卢作孚的计划,除了最重要和最不易装卸的笨重设备由宜昌直接运到重庆外,次要的、较轻的设备,则缩短一半航程,只运到万县即卸下,留待以后再转运,这就节省了一半的时间。还有的甚至运进三峡即卸下,让轮船当天即开回宜昌。这样,每天早晨,必有六七只满载的船开出宜昌;每天下午,也必有同样数量的空船开回宜昌。

长江上游,滩险流急,为了争取时间,实施大撤退的船只白天航行,夜间装卸。傍晚时分,当轮船从上游开来,快要抵达码头的时候,轮船上的舱口盖子早已揭开,舱门早已拉开,起重机的长臂早已举起,拖着驳船的拖轮已经驶近。轮船刚刚抛锚,驳船已经靠到船边,开始紧张地装货。

夜幕降临的时候,两岸灯火通明,装卸工人数人或数十人为一队,抬着沉重的机器,不时发出有节奏的号子声;

拖轮在朦胧的夜色中,不断发出尖厉的汽笛声;轮船上的起重机,不断发出轧轧的金属声……所有这一切,交织在一起,合成了一支极其悲壮的交响曲,唱出中国人民反抗日军的力量!

当日寇进入宜昌这座鄂西重镇的时候,这里已是一座空城。

点评:我想不出任何理由再把这个撼人心魄的故事缩减一点点。看了这个故事,我觉得所有关于时间道理的说教都显得如此苍白。壮哉,卢作孚!伟哉,中国人!

看图一乐

应付紧急状况的军事素质要从日常生活的一点一滴抓起

第六章

主客律
——让所有的时间都生动起来

> 不是所有的时间都由我们主动支配，在很多时间里被迫做一些事情。而被动投入的时间都存在反客为主的可能。

狼的耐心

很少有什么动物比狼更有耐心的。狼群在围捕猎物之前总要进行仔细的观察，这种观察最长的时候会持续几天时间。在这个漫长的过程中，它们要忍受变幻无常的天气和蚊子的折磨，最可怕的是它们还要忍受饥饿，长达数日没有任何食物。可是它们没有丝毫的疲倦和厌恶，它们就像冷漠的旁观者，不放过猎物身上的每一个细节，最终判断出谁是最合适的攻击对象，并选择最佳的时机猛然发

狼说：我不得不耐心观察等待，也不得不迅速出手攻击

动，一击得手。

问题：怎样把被动的时间变为主动？

面对着宙斯神殿那十三根苍老、高大的石柱，时间之神、成功之神和幸运之神都不由得屏住了呼吸。他们在心里默默地回忆着沙尼亚斯巴（Pausanias）的《希腊游记》："宙斯神主体为木制，身体裸露在外的部分贴上象牙，衣服则覆以黄金。头顶戴着橄榄枝编织的皇冠，右手握着象牙及黄金制成的胜利女神像，左手则拿着一把金属打造的权杖，杖顶停留着一只鹫。"而今，就算这历史风雨中仅存下来的残垣断壁，仍然令人感到那强烈的俯视一切、至高无上的最高神性。

时间之神思绪万千，抚着石柱说："众神之神的宙斯，

希腊雅典宙斯神殿

也算是人类一个永久的梦吧。"

幸运之神羡慕地说:"像宙斯那样,能主宰一切的感觉肯定很棒。"

成功之神说:"其实,我们每个人都能成为自己的宙斯,连自己都主宰不了的人,根本谈不上去主宰世界。"

时间之神说:"是的,从普通的道理来讲,就是我们应该对自己的生活都有充分的主动权。"

成功之神说:"可是总有很多原因,使我们在实际生活中有很多处于被动的时候呀。如果在一段时间里是被迫做事的,我就感觉心情灰暗,在郁闷中煎熬。"

幸运之神深表同感:"是哦,我常听有人这样抱怨,'唉,没办法,混口饭吃。'还有人说,'人在屋檐下,不得不低头啊。'"

成功之神说:"以这样的心态对付事情,当然情绪不高。如果某一段时间是主动的,事情是你愿意做的,你的心情就像三月的阳光,活泼自在,事情也会做得很舒服很到位。"

时间之神说:"一般看来,人生中的被动时间是不可避免要遇到的。那是不是就认命了呢?还有没有办法把它变一变呢?咱们来合计合计。"

幸运之神无精打采地说:"那还有什么办法?稀里糊涂熬过去算了呗!"

成功之神反应很快,问:"你有什么高见?"

时间之神说:"呵呵,高见谈不上,浅见有一点。我认为反客为主、变被动为主动的情况可以基本分为客观和主观两种。"

两人齐说:"请说!"

时间之神接着说:"尽量争取客观条件有利于我,这是不用多说的,你掌握的资源多、信息多、助力多等等,都是翻盘的重要因素条件。"

幸运之神问:"那主观方面呢?"

时间之神说:"我们重点要说的就是主观方面。在外部客观条件基本确定的情况下,你被迫接受、不得不做一些事情。这时候,你的态度将决定你的行为状态。"

成功之神说:"请举例说明。"

时间之神说:"有一次在湖南台的《快乐大本营》节目中看到,一个交警把天天要吹的口哨改变了一下,把布鲁斯和伦巴的节奏融到口哨里,吹出来的声音就悦耳动听得多了,又不耽误工作,又使自己和路人都开心。把枯燥无味的交通指挥弄得丰富多彩。这就是一种很好的变被动为主动的感觉。像他这样有主动精神的人,不管在哪,不论什么时候,都不会是灰色的生活。"

幸运之神说:"这倒是蛮好玩的。"

成功之神说:"不过我总感觉还是有点虚,我需要的是在实实在在对抗中,拿出行之有效的变被动为主动的方法。"

时间之神安慰说:"别急,咱们这就来探讨一下实用一点的方法。"

措施：巧变法

时间之神接着说："我姑且把这些方法叫做巧变法。意思是通过探讨一些基本的思路，打开我们千变万化的方法之门。"

成功之神说："好得很，我们洗耳恭听。"

时间之神说："我在这里说三个'变'字。

1. 变等待为蓄势。

2. 变单线为双线。

3. 变对抗为融合。"

幸运之神说："听起来像那么回事。你讲讲怎么个变法？"

时间之神说："先说变等待为蓄势。就被动的情况而言，一大特征就是处于某种等待状态。等机会出现，等事态发展，等环境改变，因为你是被动，就表示你暂时无力改变现状吧。而在这种等待的过程中，一定要注意避免消极思想，而要用积极的姿态不断注入有效因素，逐渐形成新的势能。这样你才能在机会来临、事态好转以及环境允许的时候，一跃出水，掌握主动。"

成功之神说："言之成理。干等干着急，于事无补。"

时间之神接着说："再说变单线为双线。单线是指对事情本身的理解只有一个,双线是指对事情的认识有双重或多重。比如你是一个普通文员,每天做着大量重复枯燥的文件传递、复印之类的工作。如果你只认为这件工作就是这样,只要传递到、复印好就算完事,那你一定会感到无聊得很。可是你如果在做这些同样工作的时候,多留意看一下文件,那么你对文件的形式、内容都会有更多的认识,不仅学习到了文件该怎么制,甚至还可以根据文件的内容学习到很多人事、管理或其他工作的知识和能力,也为你今后的进步打下基础,不亦乐乎?这样的话,主动性不就来了吗?"

幸运之神说:"我还可以一边印文件,一边听音乐,也很爽。"

成功之神横他一眼说:"小心被老板看见,扣你工资。"

时间之神又说:"我们常说单丝不成线,这也是天地万物的一个基本道理。什么事情都至少要有两条线支撑才好。再说变对抗为融合。如果你总是把领导当敌人、把压力当敌人、把时间当敌人,带着愤愤的情绪看待他们,我就可以基本判断出你处在被动情况的时候居多。"

幸运之神不服气地说:"对抗肯定也是不可避免的社会形式吧?哪有那么多的好人?"

时间之神说:"当然。一些明显的敌人,比如侵略者或是恐怖分子,那是毫不手软。可是我们作为普通人的普通生活来说,总是以对抗的姿态来面对外界,恐怕就不那么妥当了。"

成功之神说:"嗯,消灭敌人最好的办法就是把他变成朋友。"

时间之神说:"这句话当然是有一定的基础和前提的。有融合的基础,才好去融合,好在我们周围的世界里,大部分的情况和时间里,都有融合的可能存在。当你试图把对手当成朋友的时候,主动权就会悄悄地来到你的门口。"

效果:从局部主动到全局主动

时间之神说:"主动也是一点点积蓄起来的,一小段一小段的被动时间都被你变过来了,那么最后形成的就是全局主动。"

成功之神问:"那是要先从一些小的局部做起喽?"

时间之神说:"也不一定。认识上最好从全局出发,行动上最好从局部出发。从局部做起和从全局做起显得同样重要。'不谋全局者不足谋一隅',同样,'不谋一隅者也不足谋全局'。所以我们在面对被动的时候,不要怕,不要急,认真想想,老实做起,总会有办法的。"

成功之神说:"我知道有一个流传已久的清华神厨的故事。这个小伙子在清华大学食堂天天做饭卖菜的时候,就用自学的英语和学生对话,越练越神。后来听说考了托福,又到国外深造去了。岂不是一个从局部主动到全局主动的例子?"

幸运之神羡慕地说:"这样也能练成英语神功?看来我是得好好用用功了。"

时间之神说:"被动的情况也许是不可避免的,但为改变被动而做出努力的权利永远是在自己手中的。想起王蒙在《青春万岁》小说里的一句话:让所有的日子都来吧,让我们编织你们!"

时间独白:

这一章是总结性的一章,前面说的先后、快慢、多少、远近、缓急各章,都是贯穿着提倡主动精神这条主线。主动,是我们的目的,寻求主动,更是我们的权利。

时间故事

三种控制时间能力

《时空飞梭》游戏测试版中显示了很多杰出的玩耍水

平。比如"Michael Swift"学会了利用操纵时间来进行作战，允许它随时控制时间迟缓、暂停或者逆转等特殊状况。开始这个角色出现在一个训练房间里，玩家会在这里看到一个非常迷人的技师，她身着一套漂亮的超短裙，脸上带着一个洁白色的口罩。她的工作是全面测试"Swift"的各种能力，特别是以上三种控制时间的能力必须通过她的验证。

比如说当时间停止时，"Swift"在这个时候可以趁机跨越宽阔的水面，同时也能够利用这个机会快速穿过燃烧的大火。要是采用时间迟缓的时候，"Swift"可以马上跨过一系列移动平台，这样就不会在跳动中跌到悬崖深处。如果"Swift"使用时间逆转的功能，整个局面就会出现混乱现象，譬如他可以返回到原来发生的地方，再一次观察曾经发生过的事件。不过以上三种功能都有一个范围限制，控制不好就会失效。

控制时间还可以利用其他能力，玩起来也很刺激。比如说停止时间后，可以利用偷窃能力盗走敌人手中的高级武器。利用时间迟缓可以把敌人的炮火枪口扭转，这样它们一不小心就会自相残杀。时间逆转功能更有趣，它能够发送敌人的手榴弹和火箭轰炸对手的阵地。

点评：人生也像一款特殊的游戏，掌握了时间的主动权，也就掌握了人生的主动权。

看图一乐

失去机动能力的人，将无法应付蚊子的袭击

附录　时间名言选读

逝者如斯夫，不舍昼夜。　　　　　　　　　　——孔子

人生天地之间，若白驹过隙，忽然而已。　　——庄子

天可补，海可填，南山可移。日月既往，不可复追。

——曾国藩

你热爱生命吗？那么别浪费时间，因为时间是构成生命的材料。　　　　　　　　　　　　　　——富兰克林

如果有什么需要明天做的事，最好现在就开始。

——富兰克林

荒废时间等于荒废生命。　　　　　　　——川端康成

抛弃时间的人，时间也抛弃他。　　　　——莎士比亚

时间就像海绵里的水，只要愿挤，总还是有的。

——鲁迅

时间就是生命，无端地空耗别人的时间，其实无异于谋财害命的。　　　　　　　　　　　　　　——鲁迅

时间是由分秒积成的，善于利用零星时间的人，才会做出更大的成绩来。　　　　　　　　　　——华罗庚

在所有的批评家中，最伟大、最正确、最天才的是时间。　　　　　　　　　　　　　　　　　——别林斯基

世界上最快而又最慢,最长而又最短,最平凡而又最珍贵,最易被忽视而又最令人后悔的就是时间。 ——高尔基

盛年不重来,一日难再晨。 ——陶渊明

时间的步伐有三种:未来姗姗来迟,现在像箭一样飞逝,过去永远静立不动。 ——席勒

圣人不贵尺之璧而重寸之阴。 ——《淮南子·原道训》

据我观察,大部分人都是在别人荒废的时间里崭露头角的。 ——福特

时钟随着指针的移动滴答在响:"秒"是雄赳赳气昂昂列队行进的兵士,"分"是士官,"小时"是带队冲锋陷阵的骁勇的军官。所以当你百无聊赖,胡思乱想的时候,请记住你掌上有千军万马;你是他们的统帅。检阅他们时,你不妨问问自己——他们是否在战斗中发挥了最大的作用。

——菲·蔡·约翰逊

把握住今天,胜过两个明天。 ——拉美谚语

时间是我的财产,我的田亩是时间。 ——歌德

昨天只是今天的回忆,明天只是今天的梦。 ——吉卜龄

劝君著意惜芳菲,莫待行人攀折尽。 ——佚名

选择机会,就是节省时间。 ——培根

时间像弹簧,可以缩短,也可以拉长。——柬埔寨谚语

人们常觉得准备的阶段是在浪费时间,只有当真正机会来临,而自己没有能力把握的时候,才能觉悟自己平时没有准备才是浪费了时间。　　　　　——罗曼·罗兰

不守时间就是没有道德。　　　　　　　　——蒙森

最忙的人有最多的时间。　　　　　　　　——白茵

谁若游戏人生,他就一事无成,谁不能主宰自己,永远是一个奴隶。　　　　　　　　　　　　　——歌德

忘掉今天的人将被明天忘掉。　　　　　　——歌德

我们知道,时间有虚实与长短,全看人们赋予它的内容怎样。　　　　　　　　　　　　　　——马尔麦克

时间最不偏私,给任何人都是二十四小时,时间也最偏私,给任何人都不是二十四小时。　　　——赫胥黎

谁吝啬时间,时间对谁就慷慨。　　——俄罗斯谚语

多少事,从来急;天地转,光阴迫。一万年太久,只争朝夕。　　　　　　　　　　　　　　——毛泽东

一切节省,归根到底都归结为时间的节省。 ——马克思

每一点滴的进展都是缓慢而艰巨的,一个人一次只能着手解决一项有限的目标。　　　　　——贝弗里奇

人的全部本领无非是耐心和时间的混合物。

——巴尔扎克

即将来临的一天，比过去的一年更为悠长。

——福尔斯特

我走得很慢，但是我从来不会后退。 ——林肯

想要懂得今天，就必须研究昨天。 ——赛珍珠

时间能治愈理智无法抚平的伤痛。 ——塞内加

蝴蝶的生命不以日月计，而以分秒计，但也有足够的时间。 ——泰戈尔

我的一切都是为了那辉煌的一刻。 ——伊丽莎白

一天是永恒的缩影。 ——爱默生

"年"教给我们许多"日"不懂的东西。 ——爱默生

时间比理性创造出更多的皈依者。 ——汤姆·潘恩

时间能使隐藏的事物显露，也能使灿烂夺目的东西黯然无光。 ——意大利谚语

时间是最好的医生。 ——英国谚语

用"分"来计算时间的人，比用"时"来计算时间的人，时间多五十九倍。 ——雷巴柯夫

起早外出的跛子追不上。 ——日本谚语

我们越不注意一件事的经过，它在我们印象里持续的时间就越短。 ——詹尼佛·库尔

后　记

　　时间这个题目实在是太普通了,又实在是太大了。普通得不知道该说些什么,大得又不知道要从何说起。时间本身总是平铺直叙的,是因为有了人和人的生活,时间才变得如此多姿多彩,气象万千。有人说时间像一个谜团,工作就是这谜团的线索。线索理清了,这谜团才展开成为一篇华美的文章;有人说时间像一只小船,学习就是这船上的风帆。张起风帆,才能破浪前行,帆落了,船就停了;有人说时间像一条河流,家庭就是这河流上永远不变的港湾。无论你跑得再快再远,港湾都是你永久的思念和安心之所;有人说时间像一座城堡,爱情就是这城堡里的巫师。它能把一天变成一生,也能把一生变成一天;也有人说时间像一幅书画,休闲就是这画上的留白。实虚相间、错落有致的布局才显得生动活泼、有情有趣。

无论哪种对时间的认识,都会指向一个主题:时间的价值。我琢磨出一个大概的公式:时间的价值=(产出效益/时间用量)×认可度。其中"产出效益"有两种,一种是物质的,或是钱或是物,一种是精神的,或是知识或是快乐。"认可度"也有两种:一种是别人认可或是社会认可,一种是自己认可。用一句话来说明就是:"时间的价值等于你在单位时间里所产生的实际效益并加权来自内心和外界的认可程度。"

从这个公式里我们可以得出:用的时间越少,产出效益越多,得到认可程度越高,你的时间价值就越大。这三个基本因素缺一不可,比如产出了很多的效益,却花了太多的时间成本,不划算;再比如花了很大的力气也产出了很多的效益,却得不到来自各方面的承认,那不也是白干?

这个说法也只算是一家之言,仅供参考。

前后将近一年,总算是磕磕绊绊把关于时间的这个稿子写完了。诸位如何观感我还不得而知,我只知道要想做好一件事情,非花大时间、大力气不可。非常感谢江西人民出版社的余晖老师在写作过程中给予我的指点和帮助,也非常感谢我的妻子蓝蔚给予我的支持和鼓励。

关于时间的话题是无限的,只要时间不停,问题就永远没完。如果本书能对大家的生活和思考有一点点的帮助,于愿已足。因为本人水平有限,书中谬误及不成熟之处在所难免,欢迎大家多多批评指正,来信必复。Email: wknfb@126.com

作者
2009年4月于南昌家中